小学校 道徳の授業づくり はじめの一歩

Yamanaka Nobuyuki
山中 伸之

明治図書

はじめに

学級担任になると道徳の授業をします。道徳の授業に自信があってもなくても道徳の時間はやってくるので、なんとか授業をしなければなりません。

教師になって最初のうちは、自分が小中学生のときに受けてきた道徳の授業を思い出し、それを参考にして授業を行うことでしょう。それ以外に寄る辺がないので、仕方がありません。

ところが、そのような授業でも子どもたちは精一杯応えてくれます。もしかしたら、「先生、今日の道徳の授業、今までで一番楽しかった」と、目を輝かせながら言ってくれるかもしれません。

しかし、これが危険なのです。なぜ危険なのかというと、自分がなんとなくやってみた授業を子どもたちが喜んでくれたことで、こういう授業をすればいいのだと思ってしまうことがあるからです。自分がよくわからずに不安の中でやった授業でも、それでよかったのだと思ってしまうのです。

子どもたちが喜んだのは、授業がすばらしかったからではない可能性の方が高いと思います。子どもたちが喜んだのは、先生が一生懸命で、なんとなく学級全体がうきうきとしていて、みんなが楽しそうだったからです。

もちろん、それはそれでよいことですが、そのことと授業内容がすばらしかったこととを混同してしまうと、その後の授業力の伸びはわずかなものになってしまうでしょう。なぜなら、人の成長の原点は、不備、不足、不十分を自覚して、少しでもそれを補足して向上しようと思うところにあるからです。

このように偉そうなことを書いているのは、実は、私も勘違いをしていたからです。若いからと職場の先輩からもてはやされ、若いというだけで子どもたちから歓迎され、いい気になって率先して道徳の研究授業をしたりしました。きちんと学ぶこともせず、聞きかじった断片的な知識をひけらかして悦に入っていました。

その結果どうなったでしょうか。わずか数年で化けの皮ははがれ、子どもたちからは授業がつまらないと言われ、研究授業の事前検討会では、他の先生が話している言葉の意味さえよくわからないということになってしまったのです。

これは基本を学ぶことをおろそかにしたことが原因です。持ち前の知識だけで毎日を送れると思い、学ばなくても大丈夫だと高をくくっていたからです。

このような考えは間違っていました。間違いに気づいて私は学び始めました。そしてあらためて、基本を学ぶことの大切さを知ったのです。

本書は、そのような教師だった私が、当時の自分自身に「道徳授業をするなら、このような基本的なことを学んでおくとよい」と、アドバイスするつもりで書いてみたものです。ですから、これから道徳授業のはじめの一歩を踏み出そうとする先生方にとっても、恰好の手引き書になるのではないかと自負しています。

本書を手にされた先生方が、道徳授業のはじめの一歩を、自信をもって力強く踏み出されることを願っています。

２０１８年４月

山中　伸之

もくじ

はじめに

第1章 はじめての道徳授業をどうつくる?

まずは指導書通りに……016
指導書を1回読んで全体を把握する……018
2回読んで授業の流れを確認する……020
3回読んで押さえるポイントを覚える……022
授業のイメージトレーニングをする……024

第2章 指導書にない意見が出たらどうする?

もう一度繰り返して言わせる……028
その意見の根拠を聞いてみる——そう考えた理由は?……030

その意見の例をあげてもらう――例えば、どういうこと？ 032
授業で取り上げるかどうかを判断する 034
復唱して他の子に意見を求める 036
問い返してみる 038
簡単に聞くだけで済ませる 040

第3章 板書をどうする？

指導書の板書例を真似する 044
時系列的な板書でよい 046
発問と意見を書く 048
場面絵を活用する 050
表情イラストと吹き出しをかく 052
チョークの使い方をマスターする 054
構造的な板書に挑戦する 056

第4章 道徳授業の一般的な流れはどんなもの？

導入─展開前段─展開後段─終末 060
導入では問題意識をもたせる 062
展開前段では教材を基に十分考えさせる 064
展開後段では自分事として考えさせる 066
終末ではねらいとする価値を整理し、まとめる 068

第5章 発問をどうつくる？

発問はなぜ必要なのか 072
教材文を読んで線を引く 074
考えたことや気づいたことを書き込む 076
中心発問を考える 078

基本発問・補助発問をつくる 080
場面発問・テーマ発問をつくる 082
意見が分かれる発問をつくる 084

第6章 考え、議論する道徳の前にすべきこととは？

聞く姿勢を指導する 088
意見を書かせる 090
書いたものを発表させる 092
他者の意見を聞いて判断させる 094
二人で話し合ってまとめさせる 096
グループで話し合ってまとめさせる 098
教師がコーディネートする 100
ディベートを行う 102

第7章 考え、議論する道徳をどうつくる？

「考え、議論する」道徳とは① 106
「考え、議論する」道徳とは② 108
読み物教材の登場人物への自我関与が中心の学習 110
問題解決的な学習 112
道徳的行為に関する体験的な学習 114

第8章 授業の終わりをどうする？

教師の説話で終わる① 118
教師の説話で終わる② 120
授業の感想・まとめを発表させる 122
保護者や友人の手紙を読む 124

新聞記事などを紹介する 126
ことわざ・格言で締める 128

第9章 ノートをどう使う？

ノートの基本的な考え方 132
どんなノートに何を書くか 134
図や記号を使って自由に書かせる 136
考えを必ず書かせる 138
書き出しを教える 140
ノートを見せ合わせる 142

第10章 評価をどうする？

道徳の評価の考え方……146
評価の資料を集める……148
学習に取り組む様子を見取る……150
道徳性に係る成長を見取る……152
自己評価をさせる……154
大くくりのまとまりで見て、顕著な項目を決める……156
評価文を書く……158

第11章 教室掲示物やワークシートをどうする？

授業の足跡を残す……162
子どもたちの意見を残す……166

ワークシートを自作する　168
ワークシートにひと工夫加える　172
ワークシートを生かす　176

第12章 授業参観をどうつくる?

掲示物をチェックしよう　180
家庭環境や身体的特徴に触れない教材を選ぶ　182
学級全員に発言や活動をさせる　184
カードやイラストを用意する　186
保護者にもちょっとだけ参加してもらう　188

おわりに

第1章

はじめての道徳授業をどうつくる？

Chapter 1

まずは指導書通りに

教師になってはじめての道徳授業。

どんな授業もはじめてのときは緊張するでしょう。

しかも、道徳は特別です。なにしろ人づくりの根幹にかかわる教科ですから。

いったいどのように授業をすればよいのかと不安になるでしょう。


しかし、心配はいりません。**教科書会社が発行している指導書を見て、その通りに授業をすればよい**のです。

本当にそれでよいのだろうかと思うかもしれません。

それでよいのです。

そのための指導書です。教科書会社が、道徳が苦手な先生でも授業ができるようにと、力を入れてつくっている指導書です。これを大いに参考にして、はじめての道徳授業を乗り切ってください。

とは言っても、何も準備をしないでいきなり授業をするのは、いくらなんでも冒険が過ぎるでしょう。この後、順を追って述べていきますが、最低限の準備は必要です。準備をして臨めば心配はいりません。

はじめのうちは、**指導書を頼りにして、指導書の通りに、どんどん道徳の授業をすること**です。

何時間か授業をしているうちに、道徳の授業の流れとか、子どもたちの反応とか板書のタイミングとかがわかってくると思います。

そういうことがわかってきたら、指導書を基本にしながら、少しずつ自分で発問を考えてみたり、授業の流れを考えてみたりするとよいでしょう。

まずは、指導書の通りに忠実に授業をしてみましょう。

指導書を1回読んで全体を把握する

道徳授業の準備として、指導書を読んでみましょう。
しかし、その前に教材文を読むことが必要です。
教材文は3回読みましょう。
1回目は、黙読します。
2回目は、音読します。
3回目は、範読です。子どもたちに読み聞かせているつもりで読みます。
教材文の内容が頭に入ったら、指導書を読みます。
指導書も3回は読みましょう。それくらい読むと頭に入ります。

まず、**１回目は全体を大づかみに理解する**つもりで読みます。

とはいえ、最初から読んでいくと、よくわからないことが多いと思います。指導書の形式は教科書会社によって違いますが、だいたいはじめのところに書いてあるのは、「主題設定の理由」とか「ねらいとする価値」とか「内容項目について」とかです。難しい内容ですが、がんばって理解するつもりで読んでください。

そこが終わると、授業の展開例が載っているでしょう。**授業がどのように進んでいくのかをざっと見る**つもりで読みます。授業のイメージがわくと思います。この部分は、指導書によっては、教材文に朱書きで書き込むようになっているものもあります。

これらの他に、評価や板書例が載っていることもあります。板書例は展開と見比べながら見ると、授業の様子がよくわかります。

2回読んで授業の流れを確認する

指導書を2回目に読むときには、**授業の流れを確認**します。授業の流れというのは、教師の指導と児童の学習の順番のことです。道徳の授業の場合は、おおよそ次のように進みます。

❶本時の学習への導入・関連づけ

本時の学習につながるような話をして、**授業へのきっかけづくり**をします。例えば、友情についての学習ならば、「学校での楽しみはなんですか？」などと問い、子どもから「友だちと遊ぶこと」といった答えを引き出して、学習につなげたりします。

❷本時のねらいの提示・確認

本時の学習のねらいを提示します。複数のねらいが考えられる教材もありますので、**考える方向をはっきりさせる**意味でも、ねらいを提示した方がよいでしょう。

❸教材の音読や範読

教材の内容を音読や範読によって確認します。場面毎に教師が内容を説明したり、語り聞かせたりしながら進める**再現構成法**という手法もよく使われます。

❹教材についての教師の発問・子どもの発言

教師から教材に関するいくつかの発問をし、子どもに考えさせながらねらいに迫っていきます。道徳授業の中心はここにあります。特に**中心発問が重要**です。

❺授業のまとめ・振り返り

本時の授業を振り返り、学習したことを**自分なりにまとめたり、今後にどのように生かすか**考えたりします。教師の説話でまとめることもあります。

3回読んで押さえるポイントを覚える

指導書を1回読んで全体を把握します。2回目に読むときには授業の流れを確認します。3回目に読むときには、授業で押さえるべきポイントを頭に入れましょう。授業で押さえるべきポイントは次のことです。

●**発問の順番と内容**

発問には一般に次の三つの種類があります。

①基本発問…中心発問が有効に機能するために欠かせない発問

②中心発問…授業のねらいにかかわる特に重要な発問、授業の中心となる発問

③補助発問…中心発問で十分に考えることができない場合の補足的な発問

特に、補助発問の内容とタイミングを頭に入れておきましょう。

●分岐点

授業では、「こういう意見が出たら、これを考える」「こういう意見が出なかったら、こうする」というように、状況に応じた展開を考えておくことがあります。そういう**分岐点で、どう指示・発問するか**を頭に入れておきましょう。

●書かせる場面

時には自分の考えをノートに書かせることも必要です。いつも書いていると時間が足りなくなることもあります。**どの発問で書かせるか**も頭に入れておきましょう。

●話し合いをさせる場面

書かせる場面と同様に、**どの場面で話し合いをさせるか**、どのような形態の話し合いにするのか、どのような方向性をもった話し合いにするのかなどです。

授業のイメージトレーニングをする

指導書を3回読んで、だいたいの内容を頭に入れたら、次には授業のイメージトレーニングをしておくとよいでしょう。

具体的には次のように行います。特に難しいことはありません。

❶授業場面を頭の中に思い浮かべます。自分の教室です。

❷授業の展開に沿って、想像の中で子どもたちに指示を出したり発問をしたりします。

❸子どもたちがどんなふうに答えるのかも想像します。

❹板書のイメージに沿って、想像の中で板書をします。

❺終末ではどんな話をして授業をまとめるか、想像の中で話をしてみます。

次のことを意識すると効果的です。

- 授業で実際に話しているつもりで、言葉を具体的に思い浮かべる。声に出してみてもよい。
- あの子ならこんなことを発言しそうだなということを想像する。その子の普段の様子がよくわかってくると、発言しそうなことがなんとなくわかるようになる。
- 時間があれば、板書例を参考にして板書をしてみる。

イメージトレーニングを何度もやっていると、不思議と授業を何度かしたような気分になり、落ち着いて授業を行うことができます。

第2章

指導書にない意見が出たらどうする？

Chapter2

もう一度繰り返して言わせる

指導書を3回読んで授業の流れを頭に入れ、イメージトレーニングを繰り返し行って授業に臨むと、比較的スムーズに授業を進めることができます。

それでも、指導書の通りに授業が進むことはほとんどありません。

指導書の通りには進まないと思っていた方がよいでしょう。

その理由は、子どもたちの反応が事前に考えていたものとは違うことがあるからです。

子どもたちの反応の違いの主なものは次の通りです。

●期待していた意見が出ない。
●予想していなかった意見が出される。

●期待していた意見の分布と大きく異なる（Aの意見を支持する子がAが多いと思っていたのに、反対にBの意見を支持する子が多かったというようなこと）。

このようなことが起こると、その後をどのように進めたらいいか困ってしまうでしょう。授業がストップしてしまうかもしれません。

特に、予想していなかった意見が出された場合、その扱いに困ってしまいます。

このようなときには、**あわてないことが何より大切**です。

先にも書きましたが、授業は指導書の計画通りには進まないものです。**予想していなかった意見が出されるのは普通のこと、当たり前のこと**と考えておけば、あわてないで済みます。

そして、その意見をまず十分に理解することに努めます。そのために、**その意見を、もう一度繰り返してもらいましょう。**

意見をよく聞いて、その内容を他の子どもたちにも十分に理解してもらいます。

その意見の根拠を聞いてみる
——そう考えた理由は?

子どもたちから予想外の意見が出されたら、もう一度発言を繰り返してもらい、内容を十分に理解するようにします。

十分に理解したら次に、**その子がそう考えた理由・根拠を聞いてみましょう。**

具体的には、

「君がそう考えた理由はなんですか?」

「君はどうしてそう考えたの?」

などと聞きます。

予想外の意見には、次のようなものがあります。

●本当に予想しなかった独創的な考え
●子どもの勘違いや理解不足からの意見
●実は同じ意見だけれども、表現の仕方が異なっている意見
●まったくピントの外れた関係のない意見

子どもたちから予想外の意見が出されたら、その意見は**この四つのうちのどれなのかを判断することが必要**です。

判断することで、その意見を取り上げるべきか否かがわかるからです。

これを判断するために、その意見の理由・根拠を聞きます。

その子がそう考えた理由・根拠がわかると、その意見が四つのうちのどれなのかの判断がしやすくなるからです。

その意見の例をあげてもらう
——例えば、どういうこと？

子どもたちから出された予想外の意見の理由・根拠を聞くことで、その意見を授業で取り上げるべきかどうかを判断することができます。

ただし、それは子どもたちがその意見の理由・根拠をうまく言えた場合です。

では、理由・根拠をうまく言えなかった場合はどうすればよいでしょうか。

その場合は、その意見の例をあげてもらいましょう。

具体的には、

「例えばどういうこと？」

「きみだったらどんなことをするの？」

などと聞くのです。

具体的な例をあげてもらうことで、その意見が前項の四つのパターンのうちのどれに当てはまるのかを判断しやすくなります。

ところで、子どもによっては理由を聞いても例をあげてもらおうとしても、明確に答えられず、要領を得ないことがあります。

そのような場合は、

「もう少し詳しく話してくれる？」

「もう一度説明してもらってもいい？」

などと声をかけ、さらに発言を促してみます。

これで自分の考えをもう少し話すことができるかもしれません。

判断の材料が少し増えることになります。

それでもなかなか話せない子の場合は、あまり深入りしない方がよいでしょう。

授業で取り上げるかどうかを判断する

先に、子どもたちから出される予想外の意見には、次の四つがあると述べました。

❶本当に予想しなかった独創的な考え
❷子どもの勘違いや理解不足からの意見
❸実は同じ意見だけれども、表現の仕方が異なっている意見
❹まったくピントの外れた関係のない意見

これらの意見が出されたら、教師はその意見をどのように扱うかを決めなければなりません。

具体的には、**その意見を取り上げて改めて子どもたちに考えさせたり、その意見に対しての先生の考えを述べたりするかどうかを判断しなければなりません。**

それはつまり、授業で取り上げるかどうかを判断するということです。

先の四つの場合で言えば、❶の「本当に予想しなかった独創的な考え」は取り上げなければなりません。

今まで気づかなかった価値や考えに気づいて、ねらいについてより深く考えることができるからです。

また、自分では考えてもみなかった多面的・多角的な見方考え方に触れることができるからです。

また、❷の「子どもの勘違いや理解不足からの意見」も取り上げた方がよいでしょう。

勘違いしたまま、理解不足のまま授業が進んでいくと、ねらいについての考えもぶれてきてしまうからです。

意見を取り上げて、勘違いや理解不足を修正します。

復唱して他の子に意見を求める

子どもたちから出された予想外の意見を取り上げようと判断したとします。

では、具体的にどのように取り上げたらよいでしょうか。

まず、**その意見を復唱したうえで、その意見について他の子に意見を求める**ことをしてみましょう。


例えば、遊びの仲間に入れてほしいと声をかけたAさんが、Bさんたちから、

「人数が合わなくなるから今度ね」

と断られるという教材があったとします。

Aさんの気持ちを考える場面です。

ここである子が、

「Aさんは断られたからといってがっかりしないで、笑顔で『じゃあ、今度誘ってね』と言えばよかったと思います」

と発言しました。

この発言は予想していなかったものですが、友情について深く考えるうえで大事な意見だと判断し、授業で取り上げることにしたとします。

そうしたら、

「今、○○さんが、Aさんは断られてもがっかりしないで、笑顔で、『今度誘ってね』と言えばよかった、という意見を述べました」

「この○○さんの意見について、みなさんはどう考えますか？　みなさんもそう思いますか？　それともそうは思いませんか？」

と問うてみるということです。

問い返してみる

予想外の意見に対して、先生がいろいろと質問をしてみる方法もあります。
子どもたちの意見に対して、先生が質問を返すことを、「問い返し」と言います。
この問い返しを、予想外の意見に対して行います。

問い返しをする場合は、次の場合です。

●子どもの意見にねらいにかかわる内容が含まれているけれども、曖昧な部分もあるので
そこを明確にしたい場合
●子どもの意見を全員に広げるために、ポイントをしぼったり、内容を強調したりしたい

場合。

例えば、前項と同じ場面で、

「Ａさんは断られたからといってがっかりしないで、笑顔で『じゃあ、今度誘ってね』と言えばよかったと思います」

という発言に対して、次のように問い返します。

「がっかりしない方がいいと思ったのはどうして？」

すると、子どもは次のように自分の思いを語ることでしょう。

「Ｂさんたちはちょうどいい人数で遊んでいて、遊びに入れてあげないって言ってるんじゃなくて、今後は一緒に遊ぼうと言っているので、Ｂさんたちのことも考えると、がっかりするのは悪いと思うからです」

このように、意見の真意を確かめたりします。

簡単に聞くだけで済ませる

みなさんはもしかしたら、次のような道徳の授業を、小学校のころに体験して来ているかもしれません。

先生が発問をし、子どもたちが挙手して答えます。

先生は、子どもたちの意見をうなずきながら聞き、その意見を一つひとつ黒板に書いていきます。

こうして、子どもたちの発言が全部黒板に書かれます。

このような授業は、しばしば、子どもたち一人ひとりの発言を大事にする道徳授業、子どもたち一人ひとりを大事にする道徳授業と言われます。ですから、多くの先生がこのような授業を行いました。

こういう授業を体験していると、子どもたちから予想外の意見が出されたときにも、それをどう取り上げようかと考えてしまいます。

つまり、その意見に対して何か言葉をかけてあげなければならないと思ってしまいます。

しかし、先にも書きましたが、子どもたちから出される予想外の意見の中には、まったくピントのずれた関係のない意見もあります。**そのような意見に深入りしていると、時間がなくなったり、授業そのものが思わぬ方向にずれていったりする**ことがあります。

ですから、授業で取り上げなくてもよいと判断したら、

●「なるほど」「そういうことね」「ありがとう」などと声をかけて済ませる。

●板書されている類似の意見や近い意見を見つけて、その板書を指さし、「これと同じかな」と言って済ませる。

といったことが必要な場合があります。

このようにして、ねらいから大きく外れないように授業を進めることが大切です。

第3章

板書を
どうする？

Chapter3

指導書の板書例を真似する

教科書会社から発行されている道徳の指導書の多くには、「板書例」が掲載されています。板書例があると、授業をイメージしやすくなって事前の準備に大いに役立ちます。実際の授業を行う際には、この板書例を十分に活用しましょう。**具体的には、これをそのまま真似しましょう。**

最初にも述べましたが、道徳の授業に慣れないうちは、指導書の通りに忠実に道徳の授業を行って構いません。ですから、板書も指導書の通りに書けばよいのです。

ただし、次のことには留意しましょう。

それは、**板書例の黒板と実際の教室の黒板は違う**ということです。

当たり前だと思うかもしれません。
しかし、これを忘れてしまうと、意外なところで困ることがあります。

まず、寸法が違います。
板書例の黒板と実際の黒板の大きさは違います。大きさが違うと板書した際の文字の大きさや間隔が異なります。

また、縦横の長さの比も違います。
教室の黒板は想像以上に横に長いのです。板書例の場合、横が詰まることがあります。
全体のイメージが異なります。

できれば、授業の前に、板書例を実際に黒板に書いてみるとよいでしょう。
文字の大きさや感覚がつかめます。

時系列的な板書でよい

道徳の時間の板書には、一般的に次の二つがあります。

●時系列的な板書

授業の展開に沿って、場面絵や発問、子どもたちの意見を、黒板の右端から左端に向けて板書していきます。授業の早い段階での発問や子どもたちの意見は、比較的右側に書かれることが多くなります。反対に、終末に近い発問や意見は左側に書かれることが多くなります。

●構造的な板書

教材を基に、登場人物の関係や性格や考え方、言動や出来事、心情の変化や道徳性の成長の様子などを、対比的に書いたり関係性を図や線で示したりして、見てわかりやすいように構成した板書です。黒板全面を自由に大きく使って書かれることが多いのが特徴です。時系列的な板書も構造的な板書の一つと考えることもできます。

比較的多く見られるのは時系列的な板書です。また、**道徳授業に慣れていない段階で、やりやすい板書も時系列的な板書**です。

しかし、考え、議論する道徳を進めるうえで、子どもたちにいろいろな見方・考え方をさせたり、自分事として考えさせたりすることが求められています。それに伴って、子どもたちの思考に沿った構造的な板書も増えてきています。

ただ、構造的な板書は、授業に慣れないうちは難しいでしょう。無理して構造的な板書をする必要はありません。どこにどのように板書をしたらよいかと気を取られて、肝心の授業がうまく進まなくなっては本末転倒です。まずは、時系列的な板書でよいのです。

発問と意見を書く

道徳の時間の板書では、次のような事柄を書くことになります。

●教材名（または主題名＝授業の内容が概観できるよう端的に表したもの）
●ねらい（この授業でのねらいを子どもの活動として表したもの）
●発問
●子どもたちの意見
●まとめ（子どもたちの意見を数語でまとめたり今後の展望を言葉にしたりする）
●場面絵、写真、ペープサート、イラストなど
●記号、矢印、囲み、吹き出しなど

この中でも、特に大事なのが次の二つです。

●発問
●子どもたちの意見

発問を板書すると、子どもたちが、**今何を考えるのかをはっきりと意識することができます。**考えに迷ったときに、板書に戻って考え直すこともできます。

また、子どもたちの意見を板書することで、**多面的・多角的な見方や考え方に触れることができます。**

何はともあれ、発問と子どもたちの意見を書きましょう。

できれば、「ねらい」もしっかり書いておくと、子どもたちの意見や考えが大きくブレることがありません。

場面絵を活用する

発問と子どもたちの意見が書かれれば、板書としての最低限の役割は果たすことができます。まず、この二つを書くことに慣れましょう。

書く際にもいろいろと工夫することができます。

例えば、**番号や記号をつける、文字の大きさを変える、チョークの色を変える、紙に書いておいて貼る、傍線を引く、線で囲む**などです。

何度か道徳の授業を行っているうちに、発問や意見を板書して授業を展開していくことに慣れてくると思います。

そのように、慣れてきてゆとりがもてるようになったら、場面絵を活用することに挑戦してみましょう。

発問をする際に、まず場面絵を貼るのです。

そして、**場面絵の下か左に発問を板書します。**

子どもたちにもわかりやすくなり、考えやすくなります。

場面絵とは、読み物教材の内容をいくつかの場面に分け、その場面の様子を絵やイラスト（場合によっては記号など）で表したものです。

では、場面絵を準備するには、イラストや絵をかかないとならないのでしょうか。大変そうですね。

安心してください。自分でイラストや絵をかくわけではありません。教科書のイラストや絵を利用するのです。

教科書の読み物教材の各場面には、必ず絵やイラストが掲載されています。それを拡大コピーして使いましょう。

大きさはＡ４判かＢ４判が適当です。

表情イラストと吹き出しをかく

表情イラストと吹き出しは、簡単にかけて効果の高い板書です。積極的に活用するとよいでしょう。

表情イラストとは次のようなものです。

笑顔

困り顔

泣き顔

人物の気持ちを、子どもたちにわかりやすく伝えたいときに使います。

右図のような簡単にかけるもので十分です。**あまり凝らない方がよい**のです。

なぜかというと、凝ったイラストをかくと、子どもによってはイラストばかりに目が奪われて集中できなくなってしまうからです。

そして、頭に浮かんだことをつい口に出してしまいます。だれかが何かを言うと、それにつられて別の子がしゃべってしまいます。

吹き出しは次のようなものです。

これも表情イラストと同じように、凝ったものでなくて構いません。上図のように、表情イラストと組み合わせたり、場面絵や場面イラストと組み合わせたりして使います。

登場人物の気持ちや言いたいことを考えさせる場合に、これがあるだけで考えやすくなります。ワークシートにも同じようにかいてあると、低学年の子にも書きやすくなるでしょう。

チョークの使い方をマスターする

板書に使うチョークにも、使う際にいくつか留意することがあります。

●持ち方

決まった持ち方があるわけではありませんが、持ちやすく書きやすい持ち方があります。**長いチョークは親指と中指ではさみ、人差し指を上から添えて持ちます。**２㎝程度に短くなったら、人差し指と中指を合わせ、この２本と親指で両側からはさむように持ちます。鉛筆のような持ち方は持ちにくく書きにくいのでおすすめしません。

●書き方

円柱形の底面の円周部分で書きます。ここがとがっているので、はっきりした線が書けるからです。書いているうちにこの部分が平らになったら、チョークを回転させてとがっている部分で書きます。

平らになった部分では太い線が書けるので、使い分けます。

毛筆で書くときのように、手首を固定して書くと大きな文字が書きやすくなります。

両端の太さが違うチョークの場合は、太い方から使って書きます。

●色チョーク

たくさんの色を使うのはよくありません。白と黄色の2色でも十分に授業ができます。赤や青は色覚異常の子には見えにくいことがありますので、注意が必要です。文科省から「色覚に関する指導の資料」が出されていますので、確認しておきましょう。

●チョークホルダー

手指の汚れや荒れを気にする人が使うことが多くなりました。使いたい場合は、まわりの先生に使ってもよいか聞いてみるとよいでしょう。

構造的な板書に挑戦する

道徳の授業に慣れてきたら、構造的な板書にも挑戦してみましょう。

構造的な板書とは、先に説明をしましたが、「教材を基に、登場人物の関係や性格や考え方、言動や出来事、心情の変化や道徳性の成長の様子などを、対比的に書いたり関係性を図や線で示したりして、見てわかりやすいように構成した板書」のことです。

構造的な板書を行ううえで留意したいことがいくつかあります。

●事前に教材内容を分析する

事前に教材を読んで、目指す価値や本時のねらいに迫るために、

・対比的に提示した方が効果的なことは何か

・関係を図や線で明確にした方が効果的なことは何かを読み取ります。それらは書き出しておくとよいでしょう。

●事前に板書してみる

実際に板書をしてみましょう。予想される子どもたちの意見も書いておきましょう。板書そのものが書きにくいところがわかります。スペースが足りないところもわかります。全体を見るとバランスが悪いところもわかります。こうするともっとわかりやすくなるというところもわかります。

それらを修正しながら、板書を仕上げます。でき上がったら写真を撮っておきます。

●計画にこだわりすぎない

授業は、事前の板書の写真を参考にしながら進めます。ただし、予定の板書に近づけようとして授業を進めてしまうと、子どもたちの意見を生かせないことがあります。計画にこだわりすぎず、柔軟に対応するとよいでしょう。

授業後の板書も撮影しておきます。比較すると反省点もよくわかります。

第４章

道徳授業の一般的な流れはどんなもの？

Chapter4

導入―展開前段―展開後段―終末

授業での教師の指導の流れと子どもの学習の流れの手順を「学習指導過程」と言います。学習指導過程は、「こういうものでなければならない」と決められているものではありません。それぞれに工夫してよいのです。

しかし、各教科等である程度共通しています。それは「導入―展開―終末」という形式です。この3段階に「つかむ―考える―まとめる」や「わかる―できる―伝える」など、別の言葉を当てはめて、それぞれの学校や研究団体の特色を出す場合もあります。また、それぞれの教科等の特質に応じたものもあります。

例えば、特別活動の学級活動（1）では、

「問題の発見・確認―話合い～合意形成―実践～振り返り」（学級や学校における生活づ

くりへの参画）という学習指導過程が考えられます。
それでは、特別の教科道徳の学習指導過程はどのようなものでしょうか。
実はこれも特に決められた形式があるわけではありません。
しかし、一般的には先に掲げたように、

導入—展開—終末

という3段階が広く行われています。
さらに、展開部分を前段と後段に分けて指導内容を明確にした、

導入—展開前段—展開後段—終末

という形式もよく見られます。

導入では問題意識をもたせる

「導入―展開―終末」の各段階で、どのような指導を行い、その際にどのようなことに留意すればよいのかを考えてみましょう。

まず「導入」の段階です。

導入では、主にその時間の主題※に対して、

●子どもたちの興味関心を高める
●自分事として考える動機づけを図る

という二つのことを行います。具体的には、

●主題に対して問題意識をもたせる
●教材の内容に対して興味関心をもたせる

ということです。

どんなふうに行うかというと、例えば、主題に関連する経験がある子に発表させたり、関連する知識のある子に発表させたりします。

また、ちょっとしたテーマについて考えを聞いたり、短時間で話し合ったりすることもあります。写真を見せたり、新聞記事を読んだり、事前アンケートの結果への感想を聞いたりすることもあります。

※「主題」とは
何をねらいとし、どのように教材を活用するかを構想する指導のまとまりを示すもの。

「ねらい」と「教材」によって構成される。

（例）【しんせつなこころで】「はしの　うえの　おおかみ」

【生命の尊重】「命の重さはみな同じ」

展開前段では教材を基に十分考えさせる

続いて「展開前段」の段階です。

まず、大きく展開の段階ではどんな指導を行うのかを考えてみましょう。

展開の段階は、本時のねらいを達成するための中心となる段階であり、**子どもたち一人ひとりが、道徳的価値の理解を基に自己を見つめる段階**です。時間も十分に取られます。ですから、比較的多くの活動が行われます。

主な活動は次の通りです。

●教材の内容を理解する

教材文を読ませたり、指導者が話して聞かせたり、紙芝居やペープサートを用いて伝えたりします。

●発問によって子どもたちに考えさせる

ア　教材にどのような道徳的価値が描かれているか。
イ　それらの価値をどう考えどう感じるか。
ウ　他の見方や考え方はできないか、他の見方や考え方をどう思うか。
エ　どうすればよいか、自分だったらどうするか、どう考えるか。
オ　今の自分や今までの自分と価値との関係、自己の生き方との関係。

展開前段では、このうちアイウエを中心とした学習活動を行います。

特に、いろいろな見方や考え方があるということ（多面的・多角的な見方、考え方）に気づかせること、自分だったらどうするかを考えさせること（自分事として考える）が重要です。

展開後段では自分事として考えさせる

前項で展開の段階で子どもたちに考えさせることを五つあげました。

この中のオ、**「今の自分や今までの自分と価値との関係、自己の生き方との関係」を子どもたちに考えさせることが、展開後段の主な活動**です。

「今の自分や今までの自分と価値との関係、自己の生き方との関係」を考えさせるために、資料からいったん離れます。資料から離れて、自分自身に注目します。そして、展開前段で追究してきた価値について、

●今までの自分はどうだったか
●今の自分はどうか

●これからの自分はどのように生きて行きたいか

を考えます。具体的には、次のように発問するとよいでしょう。

●みなさんも〜したことがありますか？

●みなさんが〜したのは、どうしてですか？　どう考えたからですか？

●みなさんが〜したときどんな気持ちになりましたか？

●みなさんが〜したことを、今どう思いますか？

ところで、展開の段階については今でもいろいろな考え方があり、これがいいと一つに決められるものではありません。

展開前段ではどのように発問するか、どのように発問を構成するかが常に話題となります。展開後段では、後段が必要か否かという根本的なものから、価値の一般化が大事か価値の自覚が大事かが議論されたりします。

よりよい授業をするために、そのようなことにも関心を向けておくとよいでしょう。

終末ではねらいとする価値を整理し、まとめる

最後に終末の段階です。

終末は、**展開の段階で追究した道徳的価値に対して、自分の思いや考えをまとめたり、道徳的価値を実現することのよさや難しさなどを確認したりして、今後の発展につなぐ段階**だと言われています。

学習活動として、学習を通して考えたことや新たにわかったことを確かめたり、学んだことを更に深く心にとどめたり、これからへの思いや課題について考えたりすることになります。

次のような活動が一例です。

●教師自身の失敗談、感動したこと、葛藤などの体験を語る。（説話）
●道徳ノートに書く。「今日の道徳の授業で心に残ったことを、ノートに書きましょう」
●関連する映像や文章を紹介する。
●子どもたちの作文を紹介する。

ところで、終末の段階で今後の発展につなぐという意識から、

「これからは～しましょう」

「こういうときには～をしないようにしよう」

「これから～をがんばりましょう」

というように、教師から子どもたちに要求してしまうことがあります。また、子どもたち自身にそのような決意を表明させることがあります。


しかし、**道徳の時間の指導は即座の実践を求めるものではありません。**子どもたちが価値について自覚し、道徳的実践への意欲や態度を養うことを目的としています。

ですから、決意を表明させることは控えた方がよいでしょう。

第5章

発問をどうつくる?

Chapter5

発問はなぜ必要なのか

道徳の授業の中心となるのは展開の段階です。その展開の段階の学習活動は、教師の発問によって進みます。ですから、道徳の授業は発問によって進むと言ってもよいでしょう。

また、子どもたちの思考は発問によって刺激され、深まっていきます。

優れた発問は子どもたちの思考を促し、道徳的価値を深く的確に追究させます。反対に発問が不適切な場合は、道徳的価値の追究も不完全なものとなるでしょう。

つまり、**発問が道徳の授業の成功の鍵を握っている**と言っても過言ではありません。

このように、発問は道徳の授業にとって不可欠のものです。もっとも、それは道徳の授業に限りません。すべての授業で発問は不可欠なものであり重要なものです。

発問には次のような機能があります。

●気づかせる

「手品師はどうして手品の道具を持っていたのだろう？」

と問われると、子どもたちははじめて、手品師がいつも手品の道具を持っているということに気づきます。問うことで気づかせることができます。

●診断する

「友だちと遊ぶ約束をした日、大好きな釣りにお父さんが連れて行ってくれると言いました。君ならどうする？」

と問えば、約束をどう考えているか診断できます。

●考えさせる

改めて説明の必要はないでしょう。問われれば考えます。考えた結果、間違いに気づいたり、理解が深まったり、関係性に気づいたり、新たな疑問が芽生えたりします。そうして学びが深まっていきます。

教材文を読んで線を引く

私の発問づくりの手順を紹介します。一つの例として参考にしてください。

まず、教材文を2、3回読みます。

次に、教材文に線を引きます。

どのような箇所に線を引くのでしょうか。

それは、**道徳的価値が内在している箇所**です。

具体的には、**道徳的価値が書かれている箇所、明確に書かれていなくても読み取ることができる箇所、記述をきっかけに道徳的価値について考えることができる箇所**です。

教科書教材の場合、ねらいとする道徳的価値は年間指導計画に明記されていますので、ねらいとする道徳的価値にしぼって線を引くと効率的です。

例をあげてみます。

『わたしたちの道徳　小学校一・二年』に「黄色い　ベンチ」という教材があります。この教材を使って授業を行うとしましょう。ねらいとする道徳的価値は「約束やきまりを守る」「みんなが使うものを大切にする」です。

●近くの公園へ
●あのベンチの上からとばそうよ。
●ベンチの上にのると高いので、紙ひこうきはすうっと、気もちよくとんでいきます。
●二人のくつはどろどろですが、そんなことには気がつきません。
●二人は、立ったまま、～こぎました。
●おばあさんは、女の子を立たせて、スカートについたどろをふいてあげています。
●たかしくんとてつおくんは、「はっ」として、顔を見合わせました。

このような箇所に線を引くことになります。

考えたことや気づいたことを書き込む

線を引いた部分について、次のことを書き込みます。

●気づかせたい道徳的価値やねらいにかかわることがら
●他の出来事や登場人物などとの関連性
●予想される子どもの反応
●教師が気付いたこと、考えたこと

先ほどの例に書き加えるとすれば次のようになります。

●近くの公園へ

公園は公共の場所。みんなで使う場所。二人にその意識はあったか？

●あのベンチの上からとばそうよ。

泥靴で乗るのはもちろん悪いが、たとえ靴を脱いで乗ったとしても、ベンチに乗る行為がすでに公共物を大事にする意識の欠如を表している。遊びに夢中になってしまっているから気づかないのか、それとも知らないのか。つまり自己中心的。

●二人のくつはどろどろですが、そんなことには気がつきません。

夢中になっていて気づかない。気分爽快。まわりが見えていない。配慮が足りない。ものを大事にするとは配慮すること。二人だからよけいに気づかない。子どもたちにもこういう経験があるのではないか。

このようなことを書き込みつつ反応を予想し、**子どもが気づかないこと、見落としてしまうこと、意見が分かれそうなところ、反対意見が出そうなところ**などを見つけます。

中心発問を考える

発問のつくり方に決まった方法があるわけではありませんが、一つの手順を紹介します。

❶中心場面を決める

まず、教材の中心場面を決めましょう。**中心場面は教材の中で、主人公などの登場人物の考え方や行動が大きく変わるところ**です。例えば「手品師」という教材で言えば、少年に手品を見せに行くべきか、大きな劇場で演じるチャンスを生かすべきか迷った主人公が、決然として友人からの申し出を断る場面です。

❷何について問うかを考える

・場面について……その場面での登場人物の気持ちや、行動の理由を問う。「～はどんな気持ちか」「～は何を考えているか」「～したのはどうしてか」

・人物について……登場人物の考え方や生き方、価値観を問う。「～はどんな人か」「～の行動をどう思うか」「～についてどう思うか」「～の行動を支えているものは何か」

・話について……話の価値や訴えているものを問う。「この話からどんなことを学ぶか」「この話は何を伝えようとしているか」「この話をどう思うか」

・価値について……ねらいにかかわる価値について問う。「～についてどう思うか」「本当の～とはどういうものか」「自分にとって～はどういうものか」

❸どのような立場で問うかを考える

・共感的……「～はどんな気持ちか」「～のすばらしいところはどんなところか」「一番心を動かされたところはどこか」

・批判的……「～のしたことをどう思うか」「～はどうすればよかったか」「自分だったらどうするか」「～のよくないところはどんなところか」

基本発問・補助発問をつくる

中心発問が決まったら、基本発問・補助発問を考えましょう。
その前に、それぞれがどういう発問か再確認をしておきましょう。

●基本発問…中心発問が有効に機能するために欠かせない発問
●中心発問…授業のねらいにかかわる特に重要な発問、授業の中心となる発問
●補助発問…中心発問で十分に考えることができない場合の補足的な発問

いきなり子どもたちに中心発問を投げかけても、十分に考えることはできません。中心発問を投げかける前に、考えておかなければならないことがあります。それを先に考えて

おかないと、中心発問についての考えが浅くなったり断片的になったりします。

また、中心発問を考えるうえで前提となることがあいまいなままだと、子どもたちの考えが独善的になったり、話し合いが噛み合わなくなったりします。

このようなことを、基本発問として投げかけます。つまり、**中心発問を深く考えるうえで、事前に子どもたちに考えさせておきたいことや、中心発問を考えるうえで前提となることなどを問う**のです。

次に補助発問です。

基本発問をいくつか問うてから中心発問に進んだとしても、教師が意図したように子どもたちの考えが深まらないことがあります。深まらないならまだしも、考える方向がずれてくることもあります。

そのようなときに、**子どもたちの考えが深まるような視点を与えたり、方向性を正したりするのが補助発問**です。

基本発問も補助発問も、子どもたちが中心発問に対してどのように反応するかを、あらかじめ想定してつくるようにします。

場面発問・テーマ発問をつくる

「場面発問」「テーマ発問」という言葉を聞いたことがあるでしょうか。
場面発問、テーマ発問という言葉が登場したのは、比較的最近のことです。
この二つの発問を意識することで、発問の幅が広がります。
それぞれを簡単に説明すれば次のようになります。

●場面発問……教材の中のある場面での登場人物の気持ちや判断、行為の理由、気づきや変化などを問う発問

●テーマ発問…授業のねらいや教材のテーマにかかわって、それを掘り下げたり、追究したりする発問

道徳授業の多くが、場面発問を中心に行われています。

教材を読み、場面ごとに登場人物の気持ちを考えたり、行為の理由を考えたりします。

そして、子どもたちの意見がある程度出され、類型化をしたりすると、次の場面に移ります。


この授業は行き先がはっきりしているので、安心して授業を進めることができます。

これに対して、テーマ発問を取り入れた授業は、子どもたちからどのような意見が出されるか予想しにくいので、授業がどこに向かうかわからないという不安があります。ですから、敬遠されることが多いのでしょう。

しかし、

「主人公の生き方についてどう思うか？」

「主人公の流した涙にはどんな意味があるのだろうか？」

「本当の友情とはなんだろうか？」


などのテーマ発問をすることで、子ども自身の考えがわかり、授業に活力が生まれることになります。

テーマ発問を取り入れた授業を行うことも視野に入れておきましょう。

意見が分かれる発問をつくる

道徳授業は、読み物の登場人物の心情の読み取りのみに偏った、いわゆる「読み物道徳」から、「考え、議論する」道徳へと転換することを強く求められています。

そして「考え、議論する」道徳を行ううえで、重要な学習活動の一つが話し合いです。話し合いが充実する要因はいくつかありますが、**発問に対する答えが多様に出されると**いうのもその一つです。一問一答ではなく答えがいくつかに分かれるということです。

そこで、「考え、議論する道徳」授業を行うために、答えがいくつかに分かれる発問をつくることも意識してみるとよいと思います。

できれば、「いろいろな意見があっていいね」とか「そういう意見もありだよね」という、「なんでもＯＫ」というような多様さではなく、**互いの意見に触発されて自分の考え**

がさらに深まっていくような問いがつくれたらよいと思います。

例えば、「手品師」の中心発問を、

「なぜ手品師は少年のところへ行くことを選んだのだろう？」

としたとしましょう。

これに対して、子どもたちから様々な考えが出されると思います。多様な考えです。しかし、それらは教師によって取り上げられ、板書され、こういう考えもあったかもしれないね、と受け入れられて終わります。たくさんの意見は出されますが、話し合いにまでは至りません。

そこで、この中心発問を、

「手品師が少年のところへ行くことを選んだのは、少年のためだったのか自分のためだったのか、どちらだろう？」

としてみましょう。

すると、子どもたちは、少年のことを考えて行ったという子と、手品師本人の信念のために行ったという子に分かれるでしょう。そこで意見を交換することで、自分の考えがより深まっていきます。

第6章

考え、議論する道徳の前にすべきことは？

Chapter6

聞く姿勢を指導する

これからの道徳は「考え、議論する」道徳に転換します。**授業の中で、子どもたちが多面的・多角的に考え、自分自身と向き合い、自己の生き方についての考えを深めるような授業を目指す**ことです。

そのためには、子どもたち一人ひとりが、

- ●他の人の意見をよく聞くこと
- ●自分の考えをもつこと
- ●自分の考えを表明すること

が必要になります。

この三つの力が子どもたちに育っていてはじめて、その基礎の上に「考え、議論する」道徳が可能となります。


まず、子どもたちに人の話をきちんと聞く指導をしましょう。

話を聞くことはすべての教育活動の基本中の基本です。しかし、最近はこの基本がおろそかにされている学級があります。子どもたちが授業中におしゃべりをしているのです。

授業中のおしゃべりを、仲のよい人たちの和気あいあいとしたおしゃべりと勘違いして、そのままにしている先生がいます。

休み時間に仲よくおしゃべりをするのは構いませんが、授業中のおしゃべりは禁止しなければなりません。

そして、先生の話や他の子の話を黙ってしっかり聞くように指導しなければなりません。そうしないと、おしゃべりをしている子もまわりの子も、学習に集中できません。

まず聞く姿勢をきちんと指導することが大事です。

意見を書かせる

子どもたちに発問をしたり、指示をしたりしたときには、なるべく自分の考えを書かせることが大事です。

その理由は、**書くことで子どもたちに自分の意見をもたせることができる**からです。

子どもたちの中には、発問されても考えない子がたまにいます。そういう子は、考えることを面倒くさがったり、自信がなくて自分にはわからないからと、最初から考えることをあきらめたりしています。

しかし、「考え、議論する」道徳授業を行うためには、子どもたちに考えさせなければなりません。

ところが、考えているか考えていないかは、見ただけではわかりません。ですから、自分の考えを書かせるのです。書かせれば、考えているか考えていないかが一目瞭然です。もう一つの理由は、**書くことで自分の考えがはっきりする**からです。逆に言えば、書かないと自分の考えがはっきりしないからです。

何か発問をされたとき、子どもたちはその発問に対して漠然とした思いや考えを抱きます。通常それははっきりとした言葉や文章にはなっていません。

ですから、指名して発言させると、だらだらと話し続けたり、途中で止まってしまったり、前半と後半で言っていることが変わってしまったりするのです。

これをはっきりとした考えにするには、書かせるのが一番よいのです。

書くためには筋道を立てなければなりません。だらだらと書けないからです。

また、書いたものを自分で読み返すことができるので、不備にも気づきやすくなります。

もちろん、いつでもなんでも書いていると、時間もかかるし、授業の流れにも支障が出ます。

短くさっと書く、書く場面を限定する、などの留意は必要です。

書いたものを発表させる

ノートなどに自分の考えを書かせることは、実は一つの発言です。音声言語ではなく文字言語で発しているわけです。ですから、ノートに自分の考えが書ければ、一つの発言をしたとも言えます。ここにも自分の考えを書くことの意義があります。ノートに書くことで、音声言語で発言をしていない子も、文字言語で発言ができたことになるからです。

しかし、教室で授業を行う場合、お互いの考えを聞くことが互いの学びにつながります。集団で学ぶ意義がそこにあります。多面的・多角的に考えるきっかけにもなります。

ですから、**できれば音声言語で他の子に広く意見を伝えた方が教育の効果が高まる**わけです。

では、子どもたちに発言を促す手立てを、いくつか紹介しましょう。

●書いたものを読んでほめる

子どもたちがノートに書いたものを、教師が読んで丸をつけ「いいね」とほめます。

●書いたものを互いに見せ合い読み合う

ノートを近くの子と見せ合い、声に出して読み合います。

●順番にノートを読む

列の前から順番に、ノートに書いたことを読み上げさせます。

●発言練習をする

教師が問い、子どもたちがノートに書いたことを発言します。

このような指導をいろいろな教科で地道に行うとよいでしょう。なお、詳細は『話し合いができるクラスのつくり方』（明治図書）にまとめましたので、ぜひご覧ください。

他者の意見を聞いて判断させる

子どもたちの中には、自分の考えをもち、意欲的に発表するけれども、発表しただけで満足してしまい、他の子の発表に対する関心が低くなってしまう子がいます。授業のねらいではなく、発表することが目標になってしまっているからです。

そのような子が多いと、発言は活発になりますが、話し合いによる深まりは期待できなくなります。

そこで、そのような子はもちろんのこと、子どもたちに他の子の意見を関心をもって聞かせることが必要になります。

他の子の意見に関心をもって聞かせるには、**聞いたうえですべきことを予告してから発**

言させ、聞かせることが有効です。

具体的には、**聞いた意見に対する自分の判断をノートに書かせます。**

例えば、

「今から、○○さんに発言してもらいます。○○さんの意見に対して賛成だという人は○、反対だという人は×をノートに書いてください」

と予告してから発言させるのです。

そうすると、賛成か反対かを判断してノートに書かなければなりませんから、発言に関心をもって注意深く聞くことになります。

また、そうして**賛成か反対かの立場を明確にすると、自分と反対の判断をした人の理由が聞きたくなってきます。**

そこで、次には、そのように判断した理由を聞きます。

こうすることで、子どもたちの関心が次々と他の人の意見に向けられます。関心を向ければ、自分の意見との比較もでき、考えが深まります。

二人で話し合ってまとめさせる

ここまで、「話を聞かせる」「意見をもたせる（考えさせる）」「発言させる」ことの必要性と、そのための指導法を簡単に述べてきました。

これらは、話し合いを行ううえで欠かせない技術であり能力です。

しかし、これだけではまだ話し合いがスムーズに進むとは限りません。

これらの他に、**互いの意見を交換し合うことに慣れる必要があります。**

話し合いに慣れるには、実際に話し合いを行うことが一番です。

ただし、いきなり学級全体での話し合いをするのは無理があります。少人数での話し合いから徐々に大人数の話し合いにしていきます。

まず最初は、二人での話し合いです。

席が隣同士の子で話し合いをさせます。

このとき、

「隣同士で話し合ってご覧なさい」

などと指示をすると思いますが、それでは話し合いのよい練習にはなりません。

そのような指示の場合、互いに自分の意見を述べて終わってしまったり、思いつきの反論を言って終わったりしてしまうからです。


そうならないためには、**話し合いの前に「条件」を出すとよい**でしょう。

例えば、

●二人で意見を出し合ったら、二人の意見を一つにまとめて窓側の人が言う。
●二人の意見が対立したら、それぞれの理由をひと言でまとめて廊下側の人が言う。

というように、よく聞いてまとめることを条件にします。

グループで話し合ってまとめさせる

二人での話し合いに慣れてきたら、四～六人グループで話し合い、意見をまとめてみましょう。グループでの話し合いで留意することは、**雑談にならないようにする**ということです。四～六人になると、なんとなく楽しく話して結論が見えないままに時間が来てしまうことがあります。それは無駄ではありませんが、あまり有効でもありません。

雑談にならないようにするために、話し合いの進め方を示しておきます。

次のようなものです。

❶各自が自分の考えを述べる

❷それぞれの意見への質疑応答をする
❸反対意見や賛成意見を自由に述べる
❹グループの意見をまとめる

❸では、自由に意見を交換して、様々な見方・考え方があることを知ることを目的とするのか、グループで一つの意見にまとめるのか、事前にどちらかを決めておきます。
また❹では、❸に応じてどのようにまとめるのかも示しておきます。

●出された意見を羅列する（まとめられるものは一つにする）
●対立している意見を並べる
●一つの意見に集約する

四人以上になると、発言の多い子と少ない子が出てきます。あまりにも少ない子には発言を促すようにします。そのためにも**進行役がいた方がよい**でしょう。また、発言の数を書いておくのも一つの方法です。

教師がコーディネートする

二人組で話し合う練習や、四～六人で話し合う練習をして、話し合うことに慣れてくると、クラス全体での話し合いもやりやすくなります。

やりやすくはなりますが、グループでの話し合いの延長でクラスでの話し合いができるようになるかというと、そう簡単にはできるようになりません。

なぜなら、**話し合いに参加する人数が多くなればなるほど、一人ひとりの話し合いへのモチベーションは下がってくる**からです。要するに傍観者になってしまう子が多くなるのです。

その結果、発言の量や質が下がってきたり、他の意見を聞かなくなったり、真剣に考えなくなったりしてしまいます。

このようなことを避けるために、教師が話し合いをコーディネート（調整やまとめ）することが必要になります。

具体的には、次のようなことに留意します。

●話し合いのテーマや観点を、板書やプリントで明確にする。
●自分の意見をもたせるために、考えをノートに書かせる。
●一人ひとりの意見のだいたいをつかみ、意図的に指名して発言させる。
●傍観者をつくらないように、常に子どもたちに判断させるよう声をかける。
●発言を復唱したりまとめたりして、わかりやすく子どもたちに返す。
●適宜話し合いの流れを整理して、話し合いをコントロールする。

適切にコーディネートするには経験が必要です。クラス全体での話し合いの機会をたくさん設けて、コーディネートをする経験を積みましょう。

ディベートを行う

クラス全体の話し合いの技術を高めるためには、ディベートも有効です。ディベートは、**一つのテーマについて、肯定派と否定派とに分かれて行う討論**です。

例えば、「席替えはくじ引きで行うべきだ」というテーマについて、「その通り。くじ引きで行うべきだ」というグループと「それは違う。くじ引きで行うべきではない」というグループとに分かれて、討論をします。

ディベートにはある程度の進行の形式があるので、話し合いの進行で困ることがありません。また、発言の機会が何度かあるので、比較的発言しやすくなります。

次に述べるのは、ディベートの進行の一例です。

大きく異なることはありませんが、いろいろな進行の仕方があるので、子どもたちの実態に合わせるとよいでしょう。

【ディベートの進行例】

❶肯定側の立論…肯定する理由や根拠を述べる。
❷否定側の立論…否定する理由や根拠を述べる。
（考える時間）
❸否定側からの質疑、肯定側の応答…肯定側の立論に関して質問をする。
❹肯定側からの質疑、否定側の応答…否定側の立論に関して質問をする。
（考える時間）
❺否定側の反論…肯定側の立論に対する反論を述べる。
❻肯定側の反論…否定側の立論に対する反論を述べる。
（考える時間）
❼否定側の最終弁論…立論や反論を踏まえて、さらに理論武装して述べる。
❽肯定側の最終弁論…立論や反論を踏まえて、さらに理論武装して述べる。

第7章

考え、議論する道徳をどうつくる？

Chapter 7

「考え、議論する」道徳とは①

ここからは、「考え、議論する」道徳とは具体的にどういうものかということを、考えていきます。

「考え、議論する」道徳とは、**今までの、読み物の登場人物の気持ちを読み取ることで終わってしまったり、価値や心構えを言わせたり書かせたりするだけの授業から抜け出して、自分ならばどうするかを真正面から問い、自分自身のこととして考え、議論する道徳の授業**です。

もう少し詳しく見てみましょう。

今までの道徳の授業は「読み物道徳」と言われることもあり、平成29年版の学習指導要領に先立って発表された「教育課程企画特別部会における論点整理について（報告）」では、次のような点が指摘されていました。

> 「考え、議論する」道徳科への質的転換については、子供たちに道徳的な実践への安易な決意表明を迫るような指導を避ける余り道徳の時間を内面的資質の育成に完結させ、その結果、実際の教室における指導が読み物教材の登場人物の心情理解のみに偏り、「あなたならどのように考え、行動・実践するか」を子供たちに真正面から問うことを避けてきた嫌いがあることを背景としている。

つまり、**内面的資質の育成に偏り、実効性に欠けている**ということです。

「考え、議論する」道徳とは、このような状況からの脱却を目指した道徳授業であると言えます。

「考え、議論する」道徳とは②

前項であげた「教育課程企画特別部会における論点整理について（報告）」では、次のような点も指摘されています。

「読み物道徳」から脱却し、問題解決型の学習や体験的な学習などを通じて、自分ならどのように行動・実践するかを考えさせ、自分とは異なる意見と向かい合い議論する中で、道徳的価値について多面的・多角的に学び、実践へと結び付け、更に習慣化していく指導へと転換することこそ道徳の特別教科化の大きな目的である。

また、平成29年版の小学校学習指導要領、第3章特別の教科道徳には、問題解決的な学習、道徳的行為に関する体験的な学習等を適切に取り入れるとあります。

これらを含め、質の高い多様な指導方法の例として、次の三つがあげられます。

- 読み物教材の登場人物への自我関与が中心の学習
- 問題解決的な学習
- 道徳的行為に関する体験的な学習

さらに、この三つを中心とした学習を通して、以下のことが重要になります。

- 道徳的な諸問題を「自分事」として考える
- 道徳的価値について、多面的・多角的に考え学ぶ

これらの学習について、次項から詳しく述べます。

読み物教材の登場人物への自我関与が中心の学習

この指導法のねらいは、以下のことです。

教材の登場人物の判断や心情を自分との関わりで多面的・多角的に考えることなどを通して、道徳的諸価値の理解を深める。

（「『特別の教科 道徳』の指導方法・評価等について（報告）」より）

この中でポイントとなるのが以下の2点です。

●自分との関わり

●多面的・多角的に考える

この指導法は、形式的には今まで行われてきた道徳授業に似ています。ですから、指導する際に、**この二つのポイントを意識していないと、「登場人物の心情理解のみに偏った指導」になってしまう**ことがあります。

子どもたちが登場人物に託して自分の考えや気持ちを語る中で、道徳的価値の理解を図り深めることができるよう留意します。

授業を進めていくうえで、具体的には次のような発問があげられます（前出の報告で例示されているものを中心に示します）。

●どうして主人公は、○○という行動を取ることができたのだろう。
●どうして主人公は、○○という行動を取ることができなかったのだろう。
●主人公はどういう思いをもって△△という判断をしたのだろう。
●自分だったら主人公のように考え、行動することができるだろうか。
●自分だったらどうするだろう。

問題解決的な学習

この指導法のねらいは、以下のことです。

問題解決的な学習を通して、道徳的な問題を多面的・多角的に考え、児童生徒一人一人が生きる上で出会う様々な問題や課題を主体的に解決するために必要な資質・能力を養う。

（「『特別の教科 道徳』の指導方法・評価等について（報告）」より）

また、同報告では、次のような指導方法があげられています。

●教材や日常生活から道徳的な問題をみつける。

●道徳的な問題について、グループなどで話合い、なぜ問題となっているのか、問題をよりよく解決するためにはどのような行動をとればよいのかなどについて多面的・多角的に考え議論を深める。
●問題を解決する上で大切にした道徳的価値について、なぜそれを大切にしたのかなどについて話合い等を通じて考えを深める。

前出の報告では、次のような発問例があげられています。

●ここでは、何が問題になっていますか。
●何と何で迷っていますか。
●なぜ、■■は大切なのでしょう。
●どうすれば■■が実現できるのでしょう。
●同じ場面に出会ったら自分ならどう行動するでしょう。
●なぜ、自分はそのように行動するのでしょう。
●よりよい解決方法にはどのようなものが考えられるでしょう。

道徳的行為に関する体験的な学習

この指導法のねらいは、以下のことです。

役割演技などの疑似体験的な表現活動を通して、道徳的価値の理解を深め、様々な課題や問題を主体的に解決するために必要な資質・能力を養う。

（「『特別の教科 道徳』の指導方法・評価等について（報告）」より）

また、同報告では、次のような指導方法があげられています。

●教材の中に含まれる道徳的諸価値に関わる葛藤場面を把握する。

●道徳的行為を実践するには勇気がいることなど、道徳的価値を実践に移すためにどんな心構えや態度が必要かを考える。
●価値が実現できない状況が含まれた教材で、何が問題になっているかを考える。
●役割演技や道徳的行為を体験したり、それらの様子を見たりしたことをもとに、多面的・多角的な視点から問題場面や取り得る行動について考え、道徳的価値の意味や実現するために大切なことを考える。

役割演技は、これまでの道徳授業でもよく行われてきましたが、それらの多くが登場人物の心情理解のために行われていました。しかし、ただ単に、中心場面を動作化したり、役割演技を行ったりするだけでは、子どもたちに深く考えさせることはできません。**テーマを明確にし、子どもたちに葛藤を意識させ、多面的・多角的な思考を促すような問題場面を設定して行うことが重要**です。

無意識の行為を意識化することで、問題を主体的に解決するために必要な資質・能力を養うことができます。また、取り得る行為を考え選択させることで、子どもの内面を強化していくことができます。

第8章

授業の終わりをどうする？

Chapter8

教師の説話で終わる①

先に、第4章の「終末ではねらいとする価値を整理し、まとめる」で、終末の段階の指導について概略を述べました。

ここでは、終末の段階での活動にはどのようなものが考えられるのか、具体的に述べたいと思います。

まず「教師の説話」があります。

教師の説話とは、簡単に言えば「教師の話」です。

教師の体験や願い、様々な物事や現象についての所感などを語ったり、日常の生活問題、新聞、雑誌、テレビなどで取り上げられた問題などを盛り込んで話したりすることです。

教師の説話は、次の点で優れています。

●教師が意図的に行うことができる

説話は事前に準備しておきます。つまり、教師の意図のもとに、どのような話をするのかを予め考えておくことができます。そのため、子どもたちが授業で追究した道徳的価値を、まとめたり整理したり深めたりするのに効果的です。

●子どもたちの心情に訴える

説話には教師の思いがこもります。語調を強めたり、表情を加えたりすることで、子どもたちの心情に訴えることになります。訴えかけることで、感銘を与えます。

●子どもたちとの信頼関係が増す

教師が自らの体験や考えを語ることで、子どもたちの教師理解が進み、親近感を抱いたり共感したりすることができます。

教師の説話で終わる②

教師の説話をするうえで、いくつか留意することがあるので、それを確認しておきましょう。

●できれば教師の体験談を語る

実際に体験したことを基に話すと、語りに臨場感が出ます。迫力も増します。さらに、**実体験なら自信をもって語ることができます。** そのため、子どもたちに伝わりやすくなります。

よく伝われば、子どもたちが道徳的価値について、まとめたり、さらに深い価値について考えたりすることができます。

●大きな出来事、感動的な出来事にこだわらない

「授業の最後にする説話だから、特別なことを話さないといけない」と思ってしまっていないでしょうか。

そのようなことはありません。**日常のちょっとしたことでよい**のです。ちょっとしたことに対して、教師が見いだした道徳的価値をまじめに語れば、子どもたちの心に必ず響きます。

●叱責や戒め、行為や考え方の押しつけにならないようにする

前項で、教師の説話の優れている点を述べました。教師の説話には大きな魅力があります。

これは、言い換えると、子どもたちへの影響力が強いということです。そのため、**注意していないと、子どもたちに行為や考え方を押しつけてしまうことがあります。**子どもたちに、そう受け取られないような配慮が必要です。

また、ついつい子どもたちの行動のよくない点を指摘して、叱ったり注意したりしてしまうので、そうならないように注意しましょう。

授業の感想・まとめを発表させる

終末の活動で、子どもたちに授業のまとめや感想を書かせ、それを発表してもらうこともあります。

この活動のよいところは、ほとんど準備らしい準備がいらないということです。感想やまとめを道徳ノートに書かせればよいからです。

また、終末の段階で感想を書いたりまとめたりする活動を何度か行っていれば、子どもたちもその活動に慣れてきて、上手にまとめられるようになります。上手なまとめが発表されれば、それを聞いていた子どもたちも、授業で追究した道徳的価値をまとめたり確認したりして、今後の発展につなぐことができます。

ところが、心配なことが一つあります。

それは、**教師が意図しない感想やまとめが発表されることがある**ということです。

指名した子どもたちが、教師が期待するような感想やまとめを発表してくれるとは限りません。

その結果、授業の最後で追究してきた道徳的価値とずれてしまうということも考えられます。

そうならないようにするために、次の2点を心がけましょう。

●机間巡視をして、子どもたちの感想を見ておき、意図的に指名する。
●指名されたら、書いたものを読むだけにすることを指導しておく。

教師の説話の場合と同様、子どもたちが発表した感想やまとめが、行為や考え方の押しつけにならないよう、教師がつけ加える言葉には注意しましょう。

保護者や友人の手紙を読む

あらかじめ預かっておいた手紙を読むのも、終末の活動として行われることがあります。この方法は、準備が大変なので、いつでもできるものではありませんが、**手紙のもつ温かさや説得力が、読む子の心を強くゆさぶり、感動的な終末になることが多い**のです。

次のような手順で準備をしておきます。

❶手紙のアウトラインを決める

・どのような内容の手紙を書いていただくか。
・一人ひとりに宛てた手紙にするか、学級に宛てた手紙にするか。
・だれに書いていただくか。

❷次のことを知らせて依頼する

・なぜ、なんのために書いていただくのか。
・どのような内容の手紙を書いていただくのか。
・だれに宛てて書いていただくのか。
・いつまでに書いていただくのか。

❸期日にゆとりをもって集める

また、次のことに留意しましょう。

●外部に依頼する場合は、独断で行わず、管理職や学年主任に許可を得てから行う。
●早め早めに実施し、間に合わないことのないようにする。
●可能な限り事前チェックを行い、不適切な表現や内容がないかどうか確かめる。（特に、子どもたち同士で書かせる場合などは入念にチェックしておく）

新聞記事などを紹介する

新聞記事や雑誌の記事、テレビのニュースやネット上の情報などの中から、ねらいとする価値にかかわる話題を選んで紹介する方法もあります。

この方法のよいところは、話題性が高いので子どもたちの興味関心が高まるということです。

反面、子どもたちの興味関心があまりにも高くて、その情報を出した瞬間に盛り上がり過ぎ、それまでの道徳授業が忘れられてしまったり、追究してきた道徳的価値への関心がそがれたりする危険性があります。

例えば、家族愛をテーマにした授業の終末で、先頃上野動物園で生まれたパンダの赤ちゃんと母親との交流の記事を紹介するとしましょう。母子パンダの写真を大きくして黒板に貼り、心温まる母子の交流のエピソードを話すことにします。その際に、大きなパンダと小さなパンダのぬいぐるみを登場させます。するともう、教室は大変な騒ぎになるでしょう。

このようなことも含めて、次の点に留意して終末の活動としましょう。

- 情報に正確を期するためにも、複数のソースを確認する。
- なるべく子どもたちが前向きになれるような記事やニュースを取り上げる。
- 子どもたちの反応を予想し、過度な反応が見られるようなものは避ける。
- 記事やニュースを紹介して終わりということにせず、その記事やニュースに対する教師の所感をつけ加える。
- 新聞をとっていない家、ネット環境が整っていない家に配慮する。

ことわざ・格言で締める

ことわざや格言を紹介し、ことわざや格言が言わんとしていることと、追究してきた道徳的価値との関係を述べたり考えたりする方法もあります。

ことわざや格言を使う方法のよいところは、**ことわざ集や格言集があるので、授業に応じた言葉を探しやすい**ということです。また、ことわざや格言は表現がきりっと引き締まっているために、子どもたちの記憶に残りやすいということです。

反対に、気をつけなければならないのは、もともとことわざや格言は教訓的な内容なので、**話の内容が叱責や戒めになってしまう嫌いがある**ということです。終末が戒めで終わってしまったり、価値の押しつけで終わってしまうのはよくありません。そうならないように注意して行いましょう。

さて、ここまでに紹介してきたものの他にも、以下のような方法が考えられます。

●ゲストティーチャーに話をしていただく。
●それまでに書かれた子どもたちの作文や日記を読む。
●詩（歌詞）を紹介したり、歌を聴かせたりする。
●学級通信を読む。
●四字熟語を紹介する。
●子どもたちの活動の様子のＶＴＲや写真を見せる。

道徳の授業は毎週ありますから、**準備に時間と手間がかかる方法は、何度も用いない方がよいでしょう。**また、ＩＣＴを使う場合は、うまく動作しないことがよくあるので、別の案も準備しておくとよいでしょう。

いろいろな話や記事を紹介した後で、教師の感想やねらいとする道徳的価値との関係を、押しつけにならない程度に話したり、子どもたちに、追究してきた道徳的価値との関係はどんなところにあるのかを聞いたりするのもよいのではないでしょうか。

第9章

ノートをどう使う？

Chapter9

ノートの基本的な考え方

道徳の時間のノートは、次の二つの役割をもっています。

●考えるための道具

●記録の保管庫

深く考えたり、考えをはっきりさせたりするには、書くことが必要です。

書けば自分の考えがはっきりします。

はっきりした自分の考えを、さらに深めたり補強したりすることもできます。

ノートはそのための道具としての役割をもっているということです。

また、書かれた自分の考えや、考えが深まっていく様子などは、後から読み返して確認をすることがあります。

一年間という長いスパンの中で、あるときの自分を振り返ったりすることもあります。そういうときのために、道徳授業の内容や自分が考えたことなどを記録として残しておく必要があります。ノートは、その記録の保管庫としての役割ももっているということです。

この二つの役割を果たせるノートにするためには**「使い続ける」ことが必要**です。使い続けることで、記録が蓄積されていくからです。また、使い続けることで、自分の考えをまとめたり、考えを発展させたりすることが上手にできるようになっていくからです。

そして、ノートを使い続けるためには、**ある程度の「仕組み」が必要**になります。別の言い方をすれば、ノートの使い方です。ノートの使い方がある程度決まっていれば、ノートが使いやすくなります。使いやすければ、ノートを使う機会が増え、継続して使うことになるからです。

どんなノートに何を書くか

前項で、道徳の時間のノートの役割の一つは「考えるための道具」だと述べました。考えをまとめるとき、私たちはいくつかの断片的な事実や経験や考えを並べ、それらを組み合わせたり、それらから発想したり類推したり、帰納法や演繹法を当てはめたりします。いわばパーツがいくつか並んでいて、それをあれこれ操作しているようなイメージです。

ということは、**ノートはある程度自由に書き込めたり、線を引いたり囲んだりしやすいものが適している**と言うことができます。どのノートでもそれは可能ですが、白紙のノートや方眼ノートがどちらかと言えばやりやすいのではないでしょうか。これらは縦書きにも横書きにも対応できます。

次に使い方（どんなことをどこに書くか）です。

板書を写すだけのノートではありませんので、子どもたちがどこにどんなことを書くのかをある程度決めておくことが必要です。

次の例を参考に、使いやすいノートの工夫を考えてみてください。

日付　授業回数

教材名

めあて

授業中のメモ

自分の考え

友だちの意見

心に残った言葉

発言回数

授業の感想・まとめ

図や記号を使って自由に書かせる

自分の考えや友だちの考えを、図や記号を使って構造的に表すことができれば、問題点を明確にしたり、自分の考えをはっきりさせたり、多面的・多角的に考えたりしやすくなります。

ですから、子どもたちにも、図や記号を使ってノートに書くことを勧めるとよいでしょう。ただし、「図や記号を使って考えたりまとめたりするといいですよ」と言うだけでは、書けるようにはなりません。どのように書くのかを教える必要があります。

まずお手本を示しましょう。

例えば、教師が授業中に、図や記号や線を使って登場人物の関係を整理したり、考え方の違いがわかるように書いたり、新しい見方・考え方に気づくヒントを見つけたりしてみます。または、実際に教師がノートに書いたものを印刷して配ったり、上手に書けている子の道徳のノートを印刷して配ったりするのもよいでしょう。

このような見本があると、子どもたちも図や記号を使って書きやすくなるでしょう。

さらに、**使える記号や線、囲みや矢印などを教えて、具体的にどのように使うのかも示すとよい**と思います。次は、その一例です。

○□……強調する、まとめる
↕……対立する、反対
＝……関係あり、同じ
↓……変化している

この他にも、色を変えてみたり、囲み文字を使ってみたり、ハートマークや表情マークを使ったりするのも楽しくてよいと思います。

考えを必ず書かせる

この場合の「書かせる」は、**あの手この手を使って、場合によっては強制的に、考えを表出させる**という意味です。

道徳のノートの役割は、考えるための道具であり記録の保管庫です。そこに子どもたちの考えが書かれて、はじめて役割を果たすことができます。

子どもが自然に書くようになるのを待っているのもよいのですが（そして、それが本来の道徳のノートの使い方に通じるのかもしれませんが）、そのような指導では、いつまで経っても何も書かない子が出てこないとも限りません。ですから、あの手この手を使って、時には強制してでも書かせます。そうすることで、道徳のノートの記録性が生きてきます。

では、「あの手この手」をいくつかご紹介しましょう。

●書いたら先生に見せる

先生に見てもらいたい、○をもらいたいという気持ちから書くようになります。

●時間を限る

「2分で書きましょう」などと指示して、タイマーをセットします。

●書けた人は立つ

「書けたら立ちましょう」と指示します。書かない子も急いで書くようになります。

●全員が何か書くまで待つ

当たり前のようですが、意外にできません。大事なことです。

それでもなかなか書けない子はいます。全員が書く方向で指導しますが、**子どもたちの負担感があまり大きくならないような配慮は必要**です。

書き出しを教える

道徳のノートのもう一つの大きな使い道は、**道徳の時間の評価の資料とする**ことです。

道徳の時間の評価については、平成29年版の学習指導要領に次の記述があります。


児童の学習状況や道徳性に係る成長の様子を継続的に把握し，指導に生かすよう努める必要がある。

(「第3　指導計画の作成と内容の取扱い」の4)


ノートの記述は、「児童の学習状況」を把握したり、「道徳性に係る成長の様子」を把握したりするための優れた資料です。しかも、「継続的に把握」することができます。

特に、授業の感想を書いたり、登場人物への手紙を書いたり、過去の自分と比較したり、現在の自分を見つめたり、未来の自分のあり方を想像したりすることは、道徳性に係る成長の様子を知る大きな手がかりになります。ですから、なるべくそのようなことを書かせます。また、なるべくきちんと書かせるために、それぞれの書き出しを教えます。

●授業の感想

「今日の授業で一番心に残ったことは」「友だちの意見で一番感心したのは」
「自分だったらどうかと考えてみると」

●登場人物への手紙

「ぼくは〇〇さんが~したのがりっぱだと思いました」
「〇〇さん、教えてください」「〇〇さん、聞いてください」

●過去・現在・未来の自分へ

「最初に考えていたことは」「今までの自分だったら」「授業を進めていくうちに」
「今の自分と比べると」「授業が終わって思うのは」「これからの自分にできるのは」

ノートを見せ合わせる

子どもたちのノートがよくなっていくと、それに伴って他のところもよくなっていきます。ですから、子どもたちのノートがよくなるような働きかけを積極的にしていくとよいでしょう。

その方法の一つが、ノートを見せ合う活動です。

●授業中に見せ合う

自分の考えをまとめる場面で、考えが書けた人から立つように指示します。ほぼ全員が立ったら、自由に動いてお互いのノートを見ます。いいことが書いてあるなあと思ったら、次のことをします。

・いいと思った部分を自分のノートにメモする。
・相手のノートに自分の足跡を残す（名前を書いて丸で囲むなど）。

●発表会で見せ合う

道徳ノート発表会をすることを子どもたちに知らせます。休み時間や昼休みや始業前などの時間に行います。各自、ノートの自信のあるページを開いて、自分の机の上に置きます。全員に小さいシールを３、４枚配ります。お互いのノートを見て、いい工夫だなと思ったところがあったら、次のことをします。
・いい工夫だなと思った箇所にシールを貼る。
・シールを貼ったところの工夫を自分のノートに生かす。

●保護者に見せる

ノートを学期に１回程度家庭に持ち帰り、保護者に見せます。子どもたちから保護者にシールを渡し、よく書けているページに貼ってもらいます。

第10章
評価をどうする？

Chapter 10

道徳の評価の考え方

道徳の評価は、道徳が特別の教科になったから始まったのではありません。道徳の評価はそれ以前から行うべきものでした。

平成20年版の小学校学習指導要領には、次のように書かれています。

児童の道徳性については，常にその実態を把握して指導に生かすよう努める必要がある。ただし、道徳の時間に関して数値などによる評価は行わないものとする。

（「第3　指導計画の作成と内容の取扱い」の5）

では、特別の教科　道徳になって、評価はどうなったのでしょうか。

児童の学習状況や道徳性に係る成長の様子を継続的に把握し、指導に生かすよう努める必要がある。ただし、数値などによる評価は行わないものとする。

（「第3　指導計画の作成と内容の取扱い」の4）

つまり、次の二つを「継続的に把握（つまり評価）」することになります。

●児童の学習状況
●道徳性に係る成長の様子

また、次のことも大切なことです。

●数値ではなく、文章記述で評価する。
●相対評価ではなく、個人内評価として行う。

評価の資料を集める

「児童の学習状況や道徳性に係る成長の様子を継続的に把握」するのですから、把握するための資料を蓄積しなければなりません。

●授業中の様子を記録したもの

授業中に子どもたちが発言した内容、授業に参加しているときの表情や態度、話の聞き方、話し合いでの積極性などを、座席表等にメモしておきます。

●ワークシート

授業によっては、ワークシートを用いることもあるでしょう。ワークシートには、中心発問に対する子どもたちの考えや、授業の感想などが書かれます。

●スピーチやプレゼンテーションの資料や写真

授業でスピーチをしたりプレゼンテーションをしたりすることは少ないと思いますが、問題の解決法を話し合って発表するなどの活動を行った場合は、作成した資料や発表の様子を残しておきましょう。ルーブリックをつくって評価しておきます。

●役割演技などの活動の写真

多様な指導方法の一つとして、道徳的行為に関する体験的な学習があげられています。役割演技や動作化などを行った場合は、演技をしている子どもたちの様子を観察するとともに、写真に撮っておきましょう。感想や自己評価も残しましょう。

●道徳ノートでの感想など

ノートは子どもの考えや授業の感想が毎週書かれるので、評価の資料として質の高いものです。ここにワークシートや写真を貼っておくと、長い期間での成長がよくわかります。

学習に取り組む様子を見取る

「児童の学習状況」を把握するには、以下のようなところを見ます。

●道徳的諸価値についての理解

・道徳的価値の理解が、今までよりも深くなり広くなり統合されている。
・授業を通して多様な考えを学んだことや気づいたことを自覚している。
・今までの自分の考えと比較し、価値の実現の難しさも含めて考えようとしている。

●自己を見つめる

・これまでの自分の経験や感じ方考え方と照らし合わせて道徳的価値を考えている。
・道徳的価値にかかわる事象を自分自身の問題として受け止めている。

・登場人物を自分に置き換えて考え、自分なりにイメージしようとしている。

●自己の生き方についての考え

・これからの生活に生かそうとする考えが生まれている。
・これからの自分の生き方の課題を考えている。
・自分の生き方の課題を実現していこうとする思いや願いを深めている。

●多面的・多角的な思考

・発問に対して多面的・多角的に考え、表現している。
・判断の根拠やその時の心情を様々な視点から捉え考えようとしている。
・他者の考えや議論を聞いて、自分なりに考えている。

●学習に向かう姿勢

・道徳授業への興味・関心が高い。

・自発的、積極的に学習に取り組んでいる。

・学習に集中的に取り組んでいる。

道徳性に係る成長を見取る

「道徳性に係る成長の様子」を把握するには、以下のようなところを見ます。

●道徳的諸価値についての理解

・道徳的価値の理解が、それまでよりも深く広くなり統合的になっている。
・授業を通して多様な考えに気づいたり学んだりすることができた。
・今までの自分の考えと比較し、価値の実現の難しさも含めて考えている。

●自己を見つめる

・これまでの自分の経験や感じ方考え方と照らし合わせて考えることができた。
・道徳的価値にかかわる事象を自分自身の問題として受け止めている。

・登場人物を自分に置き換えて考え、自分なりにイメージしていた。

●自己の生き方についての考え

・これからの生活に生かそうとする考えを生み出していた。
・これからの自分の生き方の課題を考えることができた。
・自分の生き方の課題を実現していこうとする思いや願いを深めることができた。

●多面的・多角的な思考

・発問に対して多面的・多角的に考え、表現することができた。
・判断の根拠やその時の心情を様々な視点から捉え考えようとしていた。
・他者の考えや議論を聞いて、自分なりに考えることができた。

道徳性は、人格の全体にかかわるものなので、数値などでの評価はしません。数値による評価以外の様々な方法で捉え、子どもたちの自己評価も考慮します。

また、教師の指導を評価したり、指導方法などの改善に努めることも大切です。

自己評価をさせる

道徳の評価においては、子どもたち自身による「自己評価」が大切です。なぜなら、**道徳性を客観的に評価することは難しいのに、評価はしなければならないから**です。

道徳性の評価が難しいことは、平成29年版の学習指導要領の解説にも、以下のように述べられています。

道徳性とは，人間としてよりよく生きようとする人格的特性であり道徳的判断力，道徳的心情，道徳的実践意欲及び態度を諸様相とする内面的資質である。このような道徳性が養われたか否かは，容易に判断できるものではない。

しかし、「容易に判断できるものではない」ことでも、判断しなければ評価をすることができません。

そこで、子どもたち自身の自己評価も勘案して判断することになります。自己評価は、**子どもたちの成長を積極的に受け止めたり、励ましたりする個人内評価を行ううえでも大切なもの**です。

左は、自己評価表の一例です。

	すごくそう思う	そう思う	あまり思わない	思わない
いろいろな考えがあることがわかった				
今までの自分の考えが変わった				
今までの自分とくらべてみた				
自分だったらどうするか考えた				
これからどうしたらいいか考えた				
これからやろうとすることが決まった				
いろいろな理由ややり方を考えた				
他のいろいろな意見を聞いて考えた				
積極的に授業に取り組んだ				
授業をしてよかった				

大くくりのまとまりで見て、顕著な項目を決める

評価は、子どもたちの意欲を高め、指導に生かすために行うのが原則です。しかし、現実問題として、通知表や指導要録にどのように記述すればよいのだろうかということにも、大きな関心が向けられています。

そこで、道徳の評価文を書くうえで、どのようなことに目を向け、どのようなことを書けばよいのかについて考えてみましょう。

小学校児童指導要録の様式イメージにもあるように、記述することは**「学習状況及び道徳性に係る成長の様子」**です。この二つについて継続的に見取ってきたことを基にして記述することになります。

その際、次のことに留意します。

●いかに成長したかを積極的に受け止め、励ます個人内評価
●個々の内容項目ごとではなく、大くくりなまとまりを踏まえた評価

つまり、子どもたちを内容項目ごとに見たり、判断力や道徳的心情などの観点ごとに見たりするのではなく、全体を大くくりにして、まとまりとして見るということです。

ところで、**大くくりなまとまりを踏まえて評価をするにしても、一人の人間の「学習状況及び道徳性に係る成長の様子」を端的に表すのは極めて難しい**と言えます。

そこで、指導要録においては、それら大くくりなまとまりを踏まえた評価のうち、**特に顕著と認められる具体的な状況を記述する**ことになります。

評価文を書く

では、具体的にどのような評価文を書けばよいのでしょうか。
いくつか例文をあげておきますので、参考にしながら、子どもの実態に応じてよりよいものを工夫してみてください。

〈1・2年（正直・誠実を中心に）〉

いけないことをしてしまったときに、それを隠そうとしてうそをついてしまった主人公の立場に自分を置き換えて考え、ごまかさずに素直に間違いを認めることが、自分の生活をよくするということに気づきました。

〈3・4年（規則の尊重を中心に）〉

きまりを守ることは、自分のためにも社会のためにも大切だということを自覚することができました。また、きまりが守れなかった人にもいろいろな事情があると、状況を多面的・多角的に考えることができました。

〈3・4年（友情・信頼を中心に）〉

友だちが気にすることでも必要なことは伝えるかどうかについて話し合い、友だちのことを信じていれば気にすることでも伝えられるし、信じているなら伝えなければならないと、友情についてさらに深く考えていました。

〈5・6年（生命の尊さを中心に）〉

生命がかけがえのないものであることや、生まれることや死ぬことの意味の重さについて考えを深め、自分の命にも限りがあること、その命を懸命に生きることの尊さなどを、自分のこれからの生き方として考え見直していました。

第11章

教室掲示物やワークシートをどうする？

Chapter 11

授業の足跡を残す

道徳の掲示物で多いのは、授業の足跡を残していくものです。いくつか例をあげます。

●心の花束・心の木

大きさは模造紙1枚かその半分程度。そこに花束や木を、絵の具やマジックで描いたり、色画用紙を切ってつくったものを貼ったりします。花びらや花や木の葉の形に切った色画用紙に、道徳の授業についての記録を書き、模造紙に1枚ずつ貼っていきます。記録するのは、「月日・教材名・ねらい」程度です。

●お話の絵

教科書や資料の場面絵などを、コピーしたりデジタルカメラで撮影してＡ４判の用紙に貼り、空いているスペースに、道徳の授業についての記録を書きます。

記録するのは「月日・教材名・ねらい」程度ですが、ゆとりがあれば授業の感想を簡単に書かせるのもよいでしょう。

教室の側面や背面に並べて掲示していきます。

●板書の写真

授業が終わる直前の板書を撮影した写真を、Ａ４判の用紙に貼ります。

あとは「お話の絵」と同じです。

できれば、授業が終わってからではなく、終わる直前に撮影します。最後に教室の後ろから、子どもたちの後ろ姿を入れて撮りたいからです。

もちろん、板書だけでも問題ありません。

7月3日　第10回

おじいちゃんの好きな川

○国やふるさとの文化と生活に親しみ、よさを感じとる。

○ふるさとは思い出がいっぱいあってなつかしいところです。ふるさとは自分をがんばらせてくれたり、守ったりしてくれるところです。

●かんたん短冊

こういう準備が面倒だという場合は、色画用紙を短冊状に切り、そこに授業の記録を書いて教室の側面や背面に貼ります。子どもたちにひと言書かせたり、イラストをかかせたりするといい感じになります。

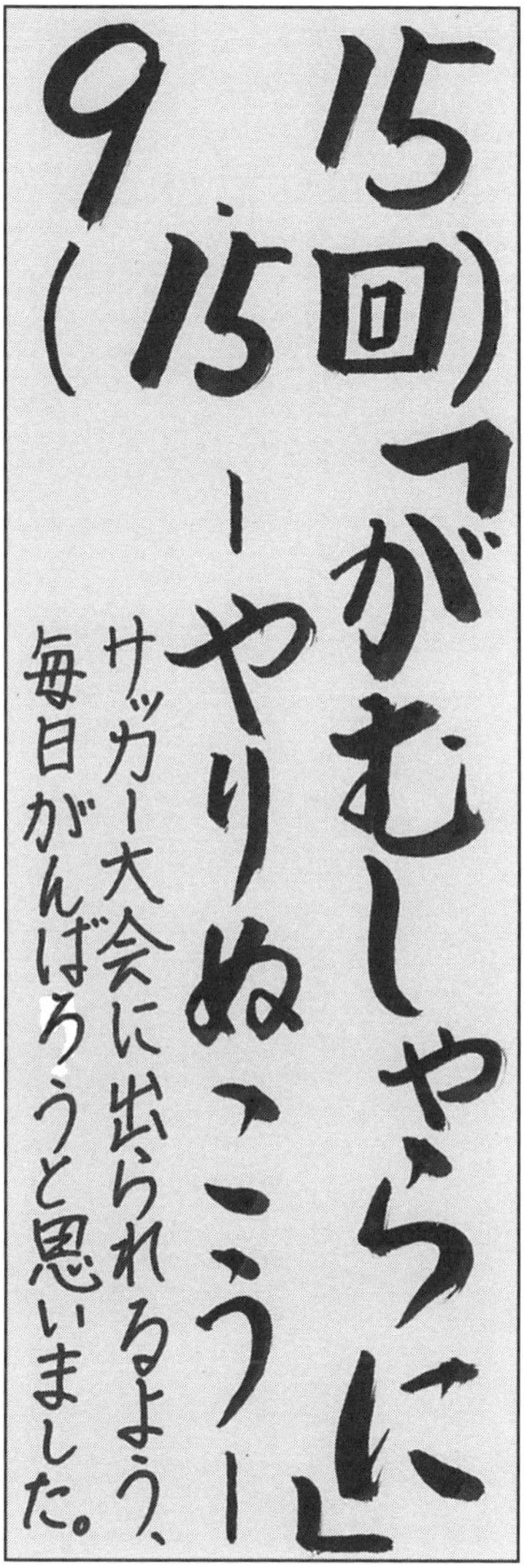
15回）「がむしゃらに」
.15ーやりぬこうー
サッカー大会に出られるよう、
9（
毎日がんばろうと思いました。

子どもたちの意見を残す

道徳の掲示物に子どもたちの意見や感想が載っていると、子どもたちと一緒につくった掲示物という感じが出ます。前項で紹介した掲示物に、子どもたちの意見をちょこっと載せてみてはいかがでしょうか。

●各自に書いてもらう

道徳の時間は年間35時間です。これは学級の人数と近い数である場合が多いと思います。ですから、毎時間だれか一人が感想や意見を書くことにします（人数が三十五人以上なら、1回に二人書きます）。

さらに、いつでも二人に書いてもらうことにすれば、早い時期に全員の言葉が掲示されることになります。こちらの方が子どもたちの意欲も高まるでしょう。

●グループで書いてもらう

同様のことをグループで書いてもらいます。ただしこの方法は、全グループが書き終わるまで席替えをしないことが条件です。

●くじ引きで書いてもらう

全員が1回書いたら、2周目はくじ引きで書く人を決めてもおもしろいです。授業の前にくじを引いておくと、当たった子はいつも以上にがんばって取り組みます。書く子を二人三人にしてもかまいません。

●教師が書く

子どもたちのひと言を教師が書く場合もあります。教師が書くことの利点は、子どもたちの発言の中から、見る人にアピールできるいい言葉を選ぶことができるということです。もしも全員の子の言葉を載せたいなら、道徳ノートの中から拾い出します。

ワークシートを自作する

道徳の授業ではよくワークシートが使われます。**特に低学年では、何を聞かれているのか、何について書くのかがはっきりわかるので便利**です。ノートが上手に使えるようになるまでワークシートを用いるのもよいでしょう。

ワークシートのつくり方には、大きく2通りあります。

●授業の流れに沿って発問が書かれているもの

このワークシートには、基本発問と中心発問が、発問される順番に書かれていて、子どもたちが考えを書くスペースがそれぞれの発問の隣にあります。ですから、**子どもたちに次に問われることがだいたいわかり、授業の流れがわかります。**

わかりやすい反面、どんな授業になるのだろうというワ**クワク感はなくなってしまいます。**ワクワク感を残すなら、発問の最初の部分だけを書いておくようにします。

●中心発問だけが書かれているもの

このワークシートには中心発問しか書かれていません。ですから、子どもたちは次にどんなことを問われるのかわかりません。このワークシートは、**中心発問を問うた後で配付します。中心発問に集中させたいときには便利**です。

集中できる反面、当たり前ですが、その他の問いに対する子どもたちの意見を残しておくことは難しくなります。

ワークシートは子どもたちや教材に合わせて上手に使いましょう。

また、なるべくノートが使えるように指導しましょう。

ワークシートは、ノートに貼らせておくと、忘れたりなくしたりすることがなくて便利です。

第（　　）回　道徳ワークシート

年　　組　　名前（　　　　　　　　　）

「卓球は四人まで」

○しゅんが三人の顔を「少しだけ見た」のはなぜだろうか。

○しゅんが気にしていたのは、どんなことだろうか。

◎あれほど楽しみにしていた卓球が、あまり楽しくなかったのはなぜだろうか。

○しゅんも、三人も、とおるも、もっとはればれとした気持ちになるためにできることは、どんなことだろうか。

○今日の道徳の勉強をふり返って、友達を大切にするということについて、学んだこと、感じたこと、考えたことをまとめよう。

授業の流れに沿って発問が書かれたワークシート

第（　　　）回　道徳ワークシート

年　　組　　名前（　　　　　　　　　　　　　）

「卓球は四人まで」

◎あれほど楽しみにしていた卓球が、
あまり楽しくなかったのはなぜだろうか。

○今日の道徳の勉強をふり返って、友達を大切にするということについて、学んだこと、感じたこと、考えたことをまとめよう。

中心発問だけが書かれたワークシート

ワークシートにひと工夫加える

ちょっとした工夫を加えると、より楽しいワークシート、子どもが思わず書きたくなるワークシートになります。いくつかの工夫を紹介します。

●挿絵を入れる

文字だけのワークシートは味気ないものです。教材の挿絵を印刷しておくと、それだけで楽しくなります。中心発問に関係する場面ならなおいいでしょう。

●塗り絵にする

せっかくの挿絵ですが、やや薄めに印刷して輪郭だけをなぞり、塗り絵にするということもできます。授業中に塗り絵をしている時間はありませんが、授業が終わった休み時間や、ノートに貼った後にきれいに色を塗ることができます。

●自分の発問コーナーをつくる

子どもたちが自分で発問をつくり、自分で答えるコーナーです。おもしろ半分のような感じもしますが、意外や意外、結構的を射た発問が少なくありません。子どもたちの道徳性に係る成長の様子を見ることができます。

●クイズコーナー

教材についてのクイズを教師が考えて載せておきましょう。

●キーワードを書かせる

授業の中で扱われる重要なキーワードを書くスペースをつくっておき、そこにキーワードを書かせます。最後に答えを発表し、いくつ正解したかを競います。キーワードを使ってまとめや振り返りを書かせます。

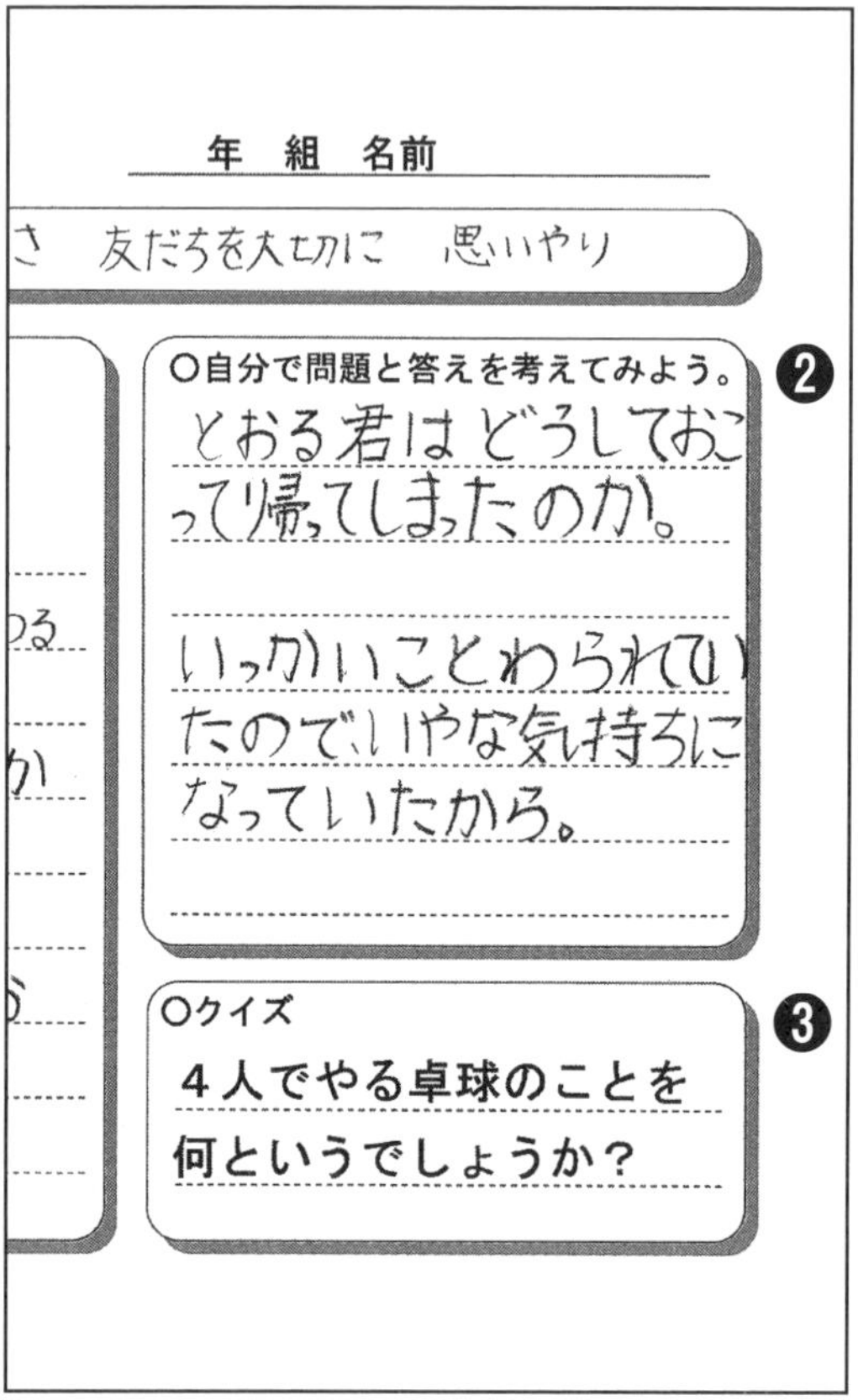
年　組　名前

さ　友だちを大切に　思いやり

○自分で問題と答えを考えてみよう。

とおる君はどうしておこって帰ってしまったのか。

いっかいことわられていたのでいやな気持ちになっていたから。

つる

か

ら

○クイズ

４人でやる卓球のことを何というでしょうか？

❶キーワード

❷自分の発問コーナー

❸クイズコーナー

第　　回　道徳ワークシート　❶

「卓球は四人まで」

キーワード　やさしさ　友

あれほど楽しみにしていた卓球が、
あまり楽しくなかったのはなぜだろうか。

とおる君が入れてって言っていたのに、入れてあげなかったから、とおる君にわるかったなあと思っているから。

それに、とおる君を入れあげられなかったので、やさしくできなかった自分がいやだなあと思っているから。

帰りに、とおる君をさそったのに、とおる君がおこって行ってしまったので、いやな気持ちになった。

ワークシートを生かす

ワークシートにはいろいろな生かし方、使い道があります。

●子どもたちに考えをもたせる

先にも書きましたが、書くことは考えることです。考えをもたせるためには書かせるのが最もよい方法です。ワークシートに書かせることで、子どもたちに考えをもたせることができます。楽しいワークシートならば書くことも楽しくなるでしょう。

●話し合いの前に書かせる

グループで話し合うにしても、全体で話し合うにしても、自分の考えがなくてはただの傍観者です。子どもたちには自分の考えをもたせて、話し合いに参加させたいものです。

話し合う前にワークシートに書かせることで、積極的に参加できるようになります。

●互いに読み合う

ワークシートに自分の意見を書いたら、他の子のワークシートを読む時間を取ってみましょう。他の子のワークシートを読むことで、いろいろな見方考え方があるということがわかり、多面的・多角的に考えられるようになります。

●評価に生かす

ワークシートは授業後に集めて目を通します。子どもたちの考えが書かれたワークシートですから、その時間に考えが深まっていたり、それまでのワークシートと比べることで、見方・考え方が多様になっていたりすることがわかるでしょう。

●掲示に生かす

ワークシートはそのまま教室に掲示することもできます。他の子にも紹介したい内容が書いてあるワークシートを掲示すれば、授業を振り返ることができます。

第12章

授業参観をどうつくる？

Chapter 12

掲示物をチェックしよう

最近は、授業参観で道徳の授業を行う学校が増えてきているようです。それだけ、道徳教育に力を入れる学校が増えているのでしょう。また、道徳教育に力を入れていることを、保護者にアピールするというねらいもあるでしょう。

授業参観で道徳授業を行う場合、指導案は共通のものが使われるので教材や発問で悩むことはないと思います。後は、今まで述べてきたことを参考に乗り切っていきましょう。

さて、**授業参観にやってきた保護者は、我が子以外にも教室の掲示物や備品に目がいくもの**です。ですから、掲示物や備品に不備がないか事前に確認します。道徳の授業参観が、かえって「道徳の授業に力を入れているのに…」という感想をもたれてしまうようなものにならないように注意しましょう。次のようなところを重点的に見ておきましょう。

●学級全員の作品が掲示されているか

子どもたち全員の作品を掲示する際には、漏れがないか入念にチェックしましょう。

●全員の名前があるか

係活動表や給食当番表に全員の名前が書いてあるかもチェックしましょう。

●いたずら書きがないか

特定の子の名前に打ち消し線や悪口が書いていないかなどをチェックしましょう。

●不適切な表現がないか

掲示してある意見や感想の中に、誤解されるような表現がないかチェックしましょう。

●教師のコメントに誤字がないか

誤字一つでも保護者の信頼を損ねることがあります。

家庭環境や身体的特徴に触れない教材を選ぶ

授業参観で行う道徳授業は、教材や発問を学年で統一するのが普通です。

しかし、単学級の学校に勤めていたりすると、自分で教材を決めなければならない場合もあるでしょう。

各学校には、道徳の年間指導計画があり、学校や学年の重点目標が決まっています。ですから、年間指導計画にある教材や、重点目標に関連する教材を選べばよいでしょう。

ただし、**家庭環境や身体的特徴に触れない教材を選ぶ**ということは心に留めておきましょう。

例えば、

「休日に父親とスポーツを楽しむ」

という内容の教材では、母子家庭の保護者や子どもは、どこか心が落ち着かないかもしれません。

また、

「障害のために苦労したが、それを乗り越えて夢を実現する」

という内容の教材では、障害のある子どもやその保護者は、居心地の悪い思いをするかもしれません。

「年間指導計画にあるから」「重点項目になっているから」という理由で単純に決めてしまうと、配慮を欠くことになるかもしれません。

もしも、**年間指導計画で決まっている教材とは違う教材で授業を行う場合は、校長先生の許可を得る必要があります。**

他の学年の先生や道徳主任の先生に相談したうえで、校長先生に相談をするとよいでしょう。

安心して授業をするためにも事前の準備を怠らないことです。

学級全員に発言や活動をさせる

ベテラン教師の中には、

「授業参観では、子どもたちのありのままの学習の様子を保護者に見てもらおう」

と考えて、普段通りに授業を進める人もいます。

しかし、それはベテラン教師だからできることです。

保護者と強い信頼関係があり、授業に自信もあるからできることです。

なぜなら、保護者が我が子の姿に少し不安を覚えても、その後の学級懇談会で上手にフォローし、ますます信頼されるからです。

若いうちは、授業参観では保護者に安心感をもってもらえるような配慮をした授業を心がけた方がよいでしょう。

そのために、全員に発言させましょう。

我が子が発言すると、保護者としてはそれだけでうれしく思いますし、安心します。子どもたちが答えやすい発問を用意しておくとよいでしょう。

具体的には、**選択式の発問**にしたり、**予想して答える発問**にしたり、**好き嫌いを答える発問**にしたりします。

そういう発問をいくつか用意しておき、日頃発表が苦手な子でも発言できるようにしておきます。

また、役割演技などの活動をさせる際にも、全員に活動させましょう。

全体の前で数組発表させたら、続きはグループで行ったり、ペアで行ったりすると、全員が活動することができます。

我が子が活動している様子を見るのも、保護者にとってはうれしいものです。

カードやイラストを用意する

十分に準備をして臨んでも、授業参観はやはり緊張するものです。

授業を見られるだけでも緊張するのに加えて、見ている人が子どもたちの保護者ですから、余計に緊張します。

なぜなら、教師同士ならばどこを見られるかがある程度わかりますが、保護者はどこを重点的に見るか、どう感じるかが捉えにくいからです。

緊張すると、普段の力が出なくなります。

あがってしまって焦り、授業の進行がうまくいかなくなるかもしれません。


そんなときの強い味方が、**「発問・指示カード」**です。

あらかじめ、発問や指示を書いたカードをつくっておきます。

形や大きさは板書計画に応じて決めます。

後ろの席の子からもはっきりと見える大きさでつくります。

書体も見やすいゴシック体がよいでしょう。ポップ体はやや軽い感じがするので、使わないのが無難です。

発問・指示カードがあれば、慌ててしまって発問を忘れたり、順序を忘れたりしても大丈夫です。順番に重ねておいて、順番に黒板に貼れば授業が進みます。


さらに、**「場面絵」**や**「登場人物のイラスト」**を黒板に貼れば、ストーリーもはっきりとして、子どもたちも活動しやすくなります。

また、「考えを書こう」「ペアで話し合おう」「グループで話し合おう」などの活動を明示するカードがあると、参観している保護者にもわかりやすくなります。

板書計画をきちんと立てて準備するとよいでしょう。

保護者にもちょっとだけ参加してもらう

道徳の授業に保護者にも参加してもらうと、保護者の授業への関心が高まります。普通はただ見るだけなので傍観者的な参加でしかありませんが、授業に参加すれば傍観者ではなくなるからです。**保護者が授業に関心をもって参加してくれると、授業がやりやすくなります。**道徳は、他教科に比べて保護者に参加してもらいやすい教科です。

次のような参加の形をとってみてはいかがでしょうか。

●事前のアンケートに答えてもらう

子どもたちへの事前アンケートと同じものに答えてもらい、集計して、当日に提示します。それだけで保護者も関心が高まります。

●手紙やメッセージを書いてもらう

ねらいとする道徳的価値について、二、三名の保護者にメッセージや手紙を書いてもらい、終末で紹介します。

●写真を提供してもらう

教材に関連する写真を持っている方に、写真のコピーを提供してもらいます。数枚なら授業中に紹介し、数が多い場合は事前に教室に掲示しておきます。

●どちらを選ぶか挙手してもらう

授業の中で、Aを選ぶかBを選ぶか選択する場面で、保護者にも手をあげてもらいます。人数を板書すると、関心が高まります。

●授業の感想を書いてもらう

授業を参観しての感想を書く用紙を事前に配付しておき、書ける方に書いてもらいます。許可をとったうえで、学級通信などで紹介します。

おわりに

もう30年以上も前のことなのに、昨日のことのように思い出せることがあります。それは、教師になってはじめての授業参観のことです。今でもたまに夢に見るので、相当強烈な思い出なのだと思います。

私は大学を卒業するとすぐ中学校に赴任し、1年生の学級担任になりました。1年生は6クラスあり、はじめての授業参観は4月に行われました。そして、1年生全クラスがなんと道徳の授業を行ったのです。

はじめての授業参観で私はかなり緊張していました。何しろ4月ですから、道徳の授業はそれまでに1、2回しかやっていません。その緊張感が生徒にも伝わっていたのでしょう、生徒もいつもよりかなり緊張していました。自分の親が後ろで見ているというのも緊張感を高めていたと思います。

普段は比較的よく発言していた生徒も、このときは貝のように黙っていました。何を聞いても手をあげない生徒を前にして、私は必死になって発問を繰り返していました。

　このように、後で考えると惨憺たる授業だったのですが、自分が授業が下手だということもわからなかった私は、「今日は生徒が緊張していたから、授業がうまくいかなかったのは仕方がない」というくらいにしか考えていませんでした。学べば授業がうまくなるという当たり前のことも、少しも頭の中にありませんでした。

　もしも当時、私が本書のような本を1冊でも読んでいたら、違った授業になっていただろうと思います。貝のように黙っている生徒を前にして、発問を繰り返すだけということはなかったでしょう。

　授業の技術を学び、学んだことを実践すれば、授業はうまくなっていきます。それは道徳の授業も例外ではありません。本書を読んでくださった先生方が、本書をきっかけにしてさらに学びを重ね、道徳の授業力をますます高めていかれることを願っています。

2018年4月

山中　伸之

【著者紹介】

山中　伸之（やまなか　のぶゆき）

1958年栃木県生まれ。宇都宮大学教育学部卒業。栃木県公立小中学校に勤務。

●研究分野

国語教育，道徳教育，学級経営，語りの教育

日本教育技術学会会員，日本言語技術教育学会会員

日本群読教育の会常任委員，「実感道徳研究会」会長

●著書

『今日からできる　学級引き締め＆立て直し術』『新任３年目までに身に付けたい　保護者との関係構築術』『話し合いができるクラスのつくり方』『30代，40代を賢く生き抜く！　ミドルリーダーのための「超」時間術』（以上，明治図書）『全時間の板書で見せる「わたしたちの道徳」』『ちょっといいクラスをつくる８つのメソッド』（学事出版）『キーワードでひく小学校通知表所見辞典』『できる教師のどこでも読書術』（以上，さくら社）『できる教師のすごい習慣』『忙しい毎日が劇的に変わる教師のすごいダンドリ術！』（以上，学陽書房）他多数。

小学校道徳の授業づくり　はじめの一歩

2018年６月初版第１刷刊　©著　者　山　中　伸　之

2022年３月初版第３刷刊　発行者　藤　原　光　政

発行所　明治図書出版株式会社

http://www.meijitosho.co.jp

（企画）矢口郁雄（校正）大内奈々子

〒114-0023　東京都北区滝野川7-46-1

振替00160-5-151318　電話03(5907)6701

ご注文窓口　電話03(5907)6668

＊検印省略　組版所　株　式　会　社　カ　シ　ヨ

Printed in Japan　ISBN978-4-18-204222-5